ro
ro
ro

Zu diesem Buch

Die meisten Menschen haben eine feste Meinung über Pornographie: Sie halten sie generell für frauenverachtend, gewaltverherrlichend und obszön. Die anderen finden sie anregend und genießen sie still und heimlich. Obwohl sich in den letzten Jahren die gesellschaftlichen Bedingungen für eine aufgeklärte Sexualität zwischen allen Geschlechtern und mit unterschiedlichen Vorlieben verbessert haben, halten sich speziell in Deutschland die Vorurteile der PorNo-Bewegung der 1980er Jahre unverändert in der öffentlichen Meinung.

Corinna Rückert bricht mit dieser Tabuisierung und zeigt – in Abgrenzung zu Mainstream-Pornos – anhand vieler Beispiele aus Literatur und Film die Vielfalt pornographischer Phantasien und damit neue Formen der Lust gerade bei Frauen.

Das Ziel des Buches ist es, den entspannten Umgang mit den eigenen sexuellen Vorlieben und Sehnsüchten zu bestätigen. Wer Pornographie nicht als eine geschmacklose, würdelose Abbildung angeblich alltäglicher Sexualität begreift, sondern als eine gelungene Darstellung von sexuellen Phantasien und Liebesspielen, wie sie Menschen schon seit Jahrtausenden betreiben, für den ist ‹Die neue Lust der Frauen› ein sinnlicher und reizvoller Genuss.

Dr. Corinna Rückert, Jahrgang 1965, studierte Angewandte Kulturwissenschaften und promovierte mit dem Thema «Frauenpornographie» zur Dr. phil. Seither ist sie viel gefragte Diskussionspartnerin für Presse und Fernsehen zu allen Fragen rund ums Thema. Sie lebt mit Sohn, Mann und Mops in Berlin und in der Lüneburger Heide und arbeitet als freie Autorin.

Corinna Rückert

Die neue Lust der Frauen

Vom entspannten Umgang mit der Pornographie

Rowohlt Taschenbuch Verlag

Originalausgabe
Veröffentlicht im Rowohlt Taschenbuch Verlag,
Reinbek bei Hamburg, September 2004

Umschlaggestaltung ZERO Werbeagentur, München
(Foto: zefa)
Satz Cochin PostScript (QuarkXPress)
bei KCS GmbH, Buchholz/Hamburg
Druck und Bindung Druckerei C. H. Beck, Nördlingen
Printed in Germany
ISBN 3 499 61686 6

Inhalt

Anhang
und Serviceteil

Mit der Pornographie ist das so eine Sache. Wer sich eingehend – und dazu noch wissenschaftlich – mit diesem Thema beschäftigt, gerät schnell unter Verdacht, dies nur zu tun, um ungestört seiner persönlichen Leidenschaft frönen zu können.

Als ich mit meiner kulturwissenschaftlichen Doktorarbeit zu diesem Thema begann, hatte ich noch keine nennenswerten Erfahrungen mit Pornographie gesammelt. Ich wusste lediglich, dass es sie gab, und akzeptierte, dass manche sie anscheinend brauchten – wofür auch immer. Ich selbst hatte keinen Bedarf. Mir genügten meine eigenen Phantasien, die ich für einzigartig und verrucht hielt. Darüber hinaus sollte jeder nach seiner Façon glücklich werden.

Die Fragestellungen, die der Dissertation zugrunde lagen, waren zunächst einfach: Gibt es eine weibliche Darstellungsweise in der Pornographie? Und wenn ja, wie unterscheidet sich diese von den herkömmlichen Porno-Angeboten? Je tiefer ich aber in die Materie einstieg, desto größer wurde meine Verwirrung. Ich hatte mich auf ein Thema eingelassen, das so menschlich und zeitlos ist, dass es eben nicht nur die anderen betrifft, sondern auch mich selbst. Als Wissenschaftlerin hatte ich gelernt, mich so weit wie möglich von einem Forschungsgegenstand zu entfernen, um ihn weitgehend objektiv bearbeiten zu können. So kann ich zum Beispiel im Kino keine Horrorfilme ansehen, weil ich dann nachts nicht schlafen kann oder von Albträumen gejagt werde. In einer filmwissenschaftlichen Untersuchung bin ich aber sehr wohl in der Lage, einen Horrorfilm zu analysieren, indem ich ihn in seine Einzelbestandteile wie Kameraführung, Beleuchtung, Musik etc. zerlege.

Genauso ging ich bei den pornographischen Materialien vor. Ich ließ sie nicht auf mich wirken, sondern untersuchte ihre verschiedenen sprachlichen und bildlichen Darstellungsweisen, beschäftigte mich mit der bisherigen Forschung zum Thema, untersuchte die Unterschiede zwischen weiblichen und männlichen Sichtweisen und bewertete schließlich meine Ergebnisse.

Meine Doktorarbeit stellte ich 1999 fertig, und bereits damals deutete sich eine Diskussion an, die mittlerweile zu einem veränderten sexuellen Selbstverständnis geführt hat: Die Rede ist von der neuen Lust der Frauen!

Autorinnen, Fotografinnen, Filmemacherinnen und Künstlerinnen haben mit ihren teils heftig umstrittenen Werken die Debatte über Sexualität, Lust und sexuelle Phantasien an sich gerissen und damit den weiblichen Blick ins Zentrum aller Aufmerksamkeit gerückt.

Skandalfilme («Baise-moi», «Romance») und Skandalbücher («Das sexuelle Leben der Cathérine M.», «Inzest») spielen mit pornographischen Stilmitteln und erobern damit ein Millionenpublikum, darunter vor allem auch Frauen. Der Erfolg dieser Werke verursachte aber auch die Wiederaufnahme der Pornographie-Debatte, die seit den 80er Jahren fest in konservativen und feministischen Händen liegt.

So stehen wir heute vor einem Paradoxon: Frauen erobern als Produzentinnen und Konsumentinnen den Pornographie-Markt und widerlegen damit eines der wichtigsten Argumente gegen Pornographie, die immer als alleinige Domäne der Männer galt. Dennoch halten die Kritikerinnen und Kritiker an ihren Forderungen nach weiteren Einschränkungen des Marktes fest.

In diesem Spannungsfeld habe ich in den letzten Jahren

viele Vorträge gehalten, an Fernsehdiskussionen teilgenommen, Interviews für Zeitungen und Zeitschriften gegeben und manchmal sogar persönliche Beratungen.

Das Ergebnis dieser öffentlichen Auftritte ist meist das gleiche. Die Menschen sind neugierig, interessiert. Sie wollen sich informieren über ein Thema, das zu ihrem Alltag gehört, oder von dem sie ahnen, das es sie berühren könnte. Und wenn sie aufstehen und gehen, sind die meisten erleichtert – und manche erbost. Vor allem aber ist es ihnen wichtig, darüber reden zu können. Dies gilt besonders für Frauen, die ihre sexuellen Phantasien schon längst als einen wichtigen Aspekt der weiblichen Sexualität erkannt haben.

Im Laufe meiner Arbeit habe ich aber auch viel gelernt über meine eigenen Vorurteile, Sehnsüchte, Tabus und über meine Phantasien, die nämlich weder einmalig noch besonders verrucht sind. Und ich habe mir eine Meinung über Pornographie gebildet. Bevor ich sie Ihnen am Ende dieses Buches verrate, können Sie sich erst einmal eine eigene bilden oder Ihre bisherige hinterfragen.

Für diejenigen, die sich mit der Diskussion über Pornographie auseinander setzen möchten, fasst der *erste Teil* den aktuellen Forschungsstand zusammen. Dabei geht es vor allem um die Aufdeckung der gängigen Vorurteile und Tabus und um eine präzise Bestimmung des Begriffs Pornographie.

An diese Argumentationen anknüpfend, widmet sich der *zweite Teil* den sexuellen Phantasien in der Pornographie und der Antwort auf die Frage, wie Pornographie funktioniert. Anhand von literarischen Beispielen werden hier die Mechanismen, die wiederkehrenden Handlungsrollen und unterschiedlichen Erzählweisen des Genres Pornographie erklärt. Dabei wird auch der Frage nachgegangen, inwieweit sich weibliche und männliche Darstellungsformen voneinander unterscheiden.

«Gute Pornos: Wo gibt's denn so was?» Das ist die häufigste Anfrage, die immer wieder an mich gerichtet wird. Das Angebot an anspruchsvollen Materialien ist tatsächlich überschaubar. Aber immerhin gibt es einige, und es werden von Jahr zu Jahr mehr. Und so wartet der *dritte Teil* mit einer kleinen, aber feinen Auswahl an außergewöhnlichen Pornos auf, die zwar auch nicht jeden Geschmack treffen werden, die aber allesamt Lust auf mehr machen.

Teil 1:
Pornographie – was ist das eigentlich?

Diese Frage erscheint auf den ersten Blick überflüssig.

Fast jeder hat eine klare Vorstellung von dem, was er als «pornographisch» bezeichnet. Da wird ein Zeitschriftentitel, der eine halb nackte Frau posierend neben einem Auto zeigt, als «reinste Pornographie» beschimpft. Elternverbände beklagen die Ausstrahlung von «Pornos» im Nachtprogramm des Fernsehens. Oder der Gesetzgeber macht sich Gedanken über den Schutz der Bürgerinnen und Bürger vor der zunehmenden Flut an «Porno-Bildern» in der Öffentlichkeit.

Die einen halten Pornographie für frauenverachtend, Gewalt verherrlichend oder obszön. Die anderen finden sie anregend und genießen sie meist still und heimlich. Mit der Pornographie ist das ähnlich wie mit McDonald's oder mit der Prostitution: Angeblich geht keiner hin, trotzdem floriert der Umsatz.

Und obwohl es in den letzten Jahren einen Boom in der Berichterstattung über Pornographie, Tabus und sexuelle Grenzüberschreitungen gegeben hat, halten sich die Vorurteile seit der Anti-Porno-Kampagne der 1980er Jahre unverändert in der öffentlichen Meinung.

Ein Begriff – viele Meinungen

Wenn wir über Pornographie reden, meint jeder etwas anderes. Dabei werden in den Diskussionen vor allem die verschiedenen Ebenen von Sexualität, sexuellen Darstellungen und sexuellen Phantasien vermischt. Wer Pornographie sagt, meint manchmal eher den sexuellen Alltag, oder er meint sexuelle Gewalt gegen Frauen, oder er hält bereits die Nacktdarstellungen auf einem Zeitschriftentitel für pornographisch.

Selbst in der Wissenschaft gibt es die verschiedensten Definitionsansätze, in denen der Begriff der Pornographie teilweise auf unsachliche Weise für bestimmte Zwecke missbraucht wird. So heißt es hier zum Beispiel, als Pornographie hätten alle Formen von Darstellungen zu gelten, die in reißerischer Weise Menschen auf ihre sexuellen Handlungen reduzieren. Oder es wird behauptet, jede frauenverachtende Darstellung sei «pornographisch».

Ganz so einfach ist es mit einer differenzierten und doch allgemeingültigen Definition wohl nicht.

Bei näherer Betrachtung der gesammelten Aussagen wird schnell deutlich, dass der Begriff Pornographie häufig verwendet wird, um ein moralisches Urteil abzugeben. Pornographie bedeutet hier das Gleiche wie schmutzig, verächtlich oder obszön. Der aktuelle Vorschlag des Psychologen Herbert Selg lautet dementsprechend:

> Pornographie soll Material bezeichnen, das Sexuelles (mehr oder weniger explizit) darstellt, wobei durch die besondere Art der Präsentation Menschen deutlich degradiert werden.[1]

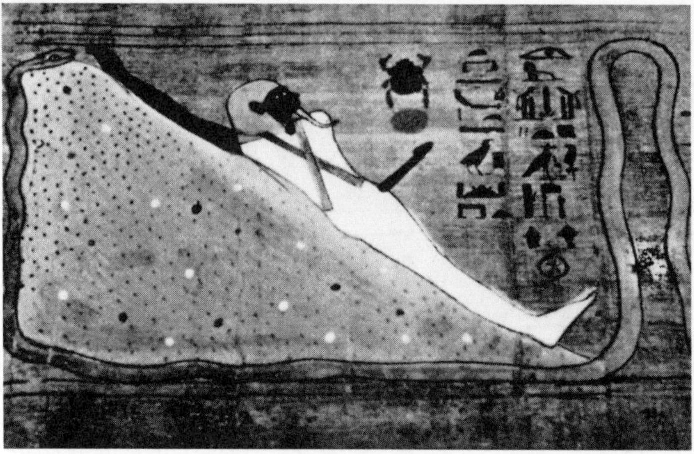

Abb. 1

Bevor wir uns der genauen Definition des Begriffs Pornographie zuwenden, sei hier zunächst festgestellt, dass weder die Abbildung einer halb nackten Frau pornographisch ist, noch im bundesdeutschen Fernsehen Pornos ausgestrahlt werden, weil das nämlich verboten ist und aufgrund der hohen Strafen auch eingehalten wird.

Es stellt sich also erst recht die Frage: Was eigentlich ist Pornographie?

Die Geschichte der Pornographie ist so alt wie die Menschheitsgeschichte selbst.[2] Als Beispiele seien hier nur die ersten Höhlenmalereien etwa aus der Jungsteinzeit ge-

Abb. 2

Abb. 3

nannt, die kultische Begattungen zeigen, altägyptische Fruchtbarkeitsriten des Schöpfers Osiris (Abb. 1) oder antike griechische (Abb. 2) und römische Vasen, die von Männern mit erigierten Penissen in Aktion geziert werden. Ebenso sei an die lange asiatische Tradition erinnert mit dem altindischen Liebeslehrbuch «Kamasutra» (Abb. 3), den chinesischen Kopfkissenbüchern («Kin Ping Meh») und den japanischen Geisha-Schulen.

Auch das europäische Mittelalter hatte auf diesem Gebiet einiges zu bieten, zum Beispiel Boccaccios Liebesgeschichtenbuch «Decamerone» oder nach Erfindung des Buchdrucks im 15. Jahrhundert die vielen (verbotenen) Romane, Geschichten, Flugblätter (Abb. 4), die sich in eindeutiger Sprache und Bildern dem Geschlechtlichen widmeten.

Als dann im 19. Jahrhundert zunächst die Fotografie und schließlich der Film erfunden wurden, ging es erst richtig los mit den Darstellungen von Frauen und Männern, die in die unterschiedlichsten sexuellen Aktionen verwickelt waren.

Abb. 4

Die holperigen Stummfilme mit ihren amüsanten Zwischentiteln oder die verblichenen Fotografien von Männern mit Strumpfbändern (Abb. 5) und Frauen, die ihre bauschigen Röcke heben (Abb. 6), wirken aus heutiger Sicht eher lächerlich und harmlos. Zu ihrer Entstehungszeit aber waren sie verboten, galten als obszön und die Verbreitung dieser «Pornographica» stand unter Strafe. Auch die Verrenkungen der asiatischen Liebesschulen mit ihren Darstellungen übergroßer Geschlechtsorgane betrachten wir heute vielleicht erstaunt und amüsiert, keinesfalls aber mit Empörung und dem lauten Aufschrei, dieser Schund gehöre unbedingt verboten. Die Bewertung dessen, was als obszön, schädlich und verboten gilt, scheint sich also im Laufe der Geschichte zu verändern.

Der Medienexperte Werner Faulstich erklärt diesen Wandel mit dem Hinweis auf die unterschiedlichen Funktionen, die die Darstellungen des Sexuellen erfüllten. In der Frühgeschichte hätten sie anscheinend eine kultische Aufgabe oder begleiteten Fruchtbarkeitsrituale. Später dienten sie eher als Lehr- und Anschauungsmaterial, während sie heute zur Anregung und als Masturbationsvorlagen genutzt würden. Der gesellschaftliche Entwicklungsstand mit seinen jeweiligen Bewertungen von Nacktheit und Sexualität bilde dabei die Grundlage zur Beurteilung der sexuellen Darstellungen.

Solange die Sexualität des Menschen als selbstverständlicher Bestandteil der Lebensgemeinschaft gelte, würden die Abbildungen dieses Bereichs allgemein akzeptiert. In dem Moment aber, da die Sexualität selbst geächtet und in einen nur noch geduldeten Bereich des Privaten ausgegrenzt würde, müsse jede öffentliche Darstellung des Sexuellen als anstößig und schändlich erscheinen.

Seite 21 oben: Abb. 5, unten: Abb. 6

Seit der so genannten «sexuellen Revolution» des 20. Jahr-

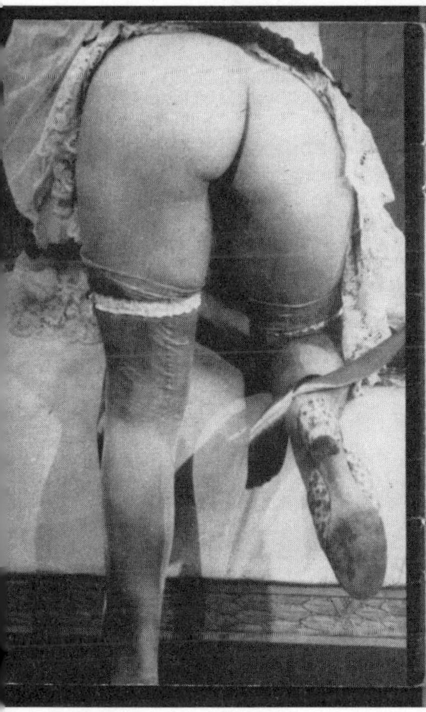

hunderts hat sich unsere Bewertung von Sexualität und Nacktheit wieder verändert. Während in den 1950er Jahren ein entblößtes Knie als Inbegriff der Erotik galt (Henry Valentinos «Ich hab' dein Knie geseh'n...») und eine für drei Sekunden unbekleidete Hildegard Knef schon einen Skandal auslöste («Die Sünderin»), gehört heute Nacktheit zum Stadtbild (Englischer Garten in München) und eine ordentliche Sexszene in jeden großen Kinofilm («Eyes wide shut», «Verhängnis»). Die Veränderung der gesellschaftlichen Wahrnehmung des Bereichs Sexualität verschiebt schließlich auch die Grenzen des öffentlich Darstellbaren – nicht zu verwechseln mit den verbotenen oder gesetzlich eingeschränkten Darstellungen, zu denen auch die Pornographie gehört.

Erst waren die Genitalien unsichtbar, dann glänzten überall nackte Brüste. Diesen folgten die männliche und weibliche Scham, wenn sie nur geschlossen und behaart genug war. Und schließlich fiel auch das letzte Tabu, nämlich die Veröffentlichung von erigierten Penissen und gespreizten Vaginas im Mainstream-Kino und der Literatur («Baise-moi», «Romance», «Das sexuelle Leben der Catherine M.»).

Und damit sind wir wieder beim Pornographischen, das immer das Gleiche zeigt, nämlich jede Form von Darstellung – ob in Büchern, Fotos, Filmen, Comics etc. –, die einen sexuellen Akt in aller Deutlichkeit bis ins Detail der beteiligten Penisse und Vaginas beschreibt oder abbildet. Das war in der Antike nicht anders als heute. Nur seine Funktion und die öffentliche Bewertung mit ihren Diskussionen über das Pornographische ändern sich. Dabei fällt vor allem auf, dass Pornographie häufig mit anderen Begriffen wie Sexualität und Gewalt gleichgesetzt wird.

Pornographie ist nicht gleich Sexualität

Sexualität bezeichnet die Geschlechtlichkeit und das Geschlechtsleben des Menschen.

Pornographie dagegen ist eine Darstellungsweise, die zunächst einmal das Geschlechtliche des Menschen zum Inhalt hat. Das heißt, von Pornographie kann erst dann die Rede sein, wenn das Geschlechtsleben detailliert und mit all seinen Ausprägungen in Büchern, Fotos, Filmen, Comics, Heftchen etc. dargestellt wird. In der Pornographie wird so getan als ob; die dargestellten Handlungen sind technisch und künstlerisch gestaltet, sie werden inszeniert. In den Pornofilmen sind Darsteller zu sehen, die eine Rolle spielen. Am deutlichsten wird das Unrealistische der Pornographie am Beispiel der vielen Romane, Kurzgeschichten, Comics etc., die ohne Beteiligung von Schauspielern auskommen und deshalb nicht als Abbildungen einer Form von Realität missverstanden werden können. Pornographie als Oberbegriff sollte also nicht mit tatsächlich gelebter Sexualität gleichgesetzt werden.

Der zweite Grund, warum diese begriffliche Unschärfe irreführend ist, sind die Inhalte, um die es in der Pornographie geht.

Sexuelle Gewalt ist nicht gleich Sexualität ist nicht gleich Pornographie

Sexualität im eigentlichen Sinne ist eine gemeinsame, von allen Beteiligten gewünschte Handlung, zum Beispiel mit dem Wunsch, Nähe zu erzeugen, dem Ziel der Befriedigung oder der Fortpflanzung. Dabei geht es um Gefühle und Leidenschaft. Wird dagegen jemand zu einer sexuellen Handlung gezwungen, so handelt es sich hierbei nicht um eine der vielen Spielarten der Sexualität, sondern um einen Akt körperlicher und/oder seelischer Gewalt. Diese Unterscheidung ist in besonderem Maße wichtig. Wer sexuelle Gewalt im Rahmen von Sexualität diskutiert, verharmlost damit den Akt der Gewalt, weil sich das Hauptaugenmerk auf das Sexuelle richtet und damit eben gerade die Freiwilligkeit beider Partner suggeriert wird.

Besonders deutlich wird diese Verharmlosung in der Bezeichnung einer Vergewaltigung als Kavaliersdelikt. Es ist gerade erst ein paar Jahre her, dass Vergewaltigung in der Ehe als Straftatbestand anerkannt und damit das Gewalttätige eines solchen Verbrechens in den Vordergrund gestellt wurde.

In diesem Sinne sollten auch die Begriffe Gewalt und Pornographie genau auseinander gehalten werden. Wer die inszenierten Handlungen in Pornofilmen als sexuelle Gewalt bezeichnet, verharmlost tatsächliche Akte von sexueller Gewalt. Damit kommen wir zu einem sehr wichtigen Punkt bei der Begriffsklärung.

Pornographie ist nicht gleich Frauenunterdrückung

Zu einem der wichtigsten Argumente gegen Pornographie gehört der Vorwurf, Pornographie habe die sexuelle Unterdrückung von Frauen zum Inhalt und diene als Anschauungsmaterial und Aufruf zu sexueller Gewalt gegen sie. Als Beweis für diese Thesen werden Bildmaterialien angeführt, die Frauen in unterwürfigen Posen zeigen, in denen sie zu einem Sexualobjekt degradiert werden.

Diese Argumentation gründet zum einen auf der Annahme, dass Pornographie reale Handlungen zeige, und ist insofern unsinnig, weil Pornographie eben keine Sexualität dokumentiert, sondern sexuelle Phantasien darstellt und damit vergleichbar ist mit anderen fiktionalen Genres wie zum Beispiel Science Fiction oder Western.

Zum anderen wird die These von der Frauenunterdrückung auf die Behauptung gestützt, dass die Darstellerinnen mit Gewalt zu ihren Handlungen gezwungen würden. Hierbei handelt es sich um ein Argument, das auf der Unkenntnis der Machart von Pornofilmen und den Regularien des Pornographie-Marktes beruht, der sowohl legal ist als auch transparent für jede Form von Kontrolle, und der den gleichen staatlichen und marktwirtschaftlichen Regeln unterliegt wie jede andere Produktions- und Vertriebsform auch. Porno-Darsteller und -Darstellerin ist mittlerweile ein Berufsfeld, das vergleichbar ist mit dem des Fotomodells oder des Schauspielers.

Was also ist nun Pornographie? Ein wichtiger Bestandteil wurde bereits genannt: Pornographie ist die Darstellung von inszenierten sexuellen Akten in aller Deutlichkeit bis ins Detail (von entblößten Eicheln oder gespreizten Schamlippen und Gesäßen im Zuge sexueller Handlungen) – ganz gleich, ob nun in Büchern, Fotos, Filmen, Comics oder sonstigen Medien. Insofern ist das, was im Fernsehen, auf Zeitschriftentiteln oder in Werbefotos und -spots gezeigt wird, eben keine Pornographie, weil die geschlechtliche Eindeutigkeit ausgespart wird. Damit können diese Darstellungen allenfalls als Erotik bezeichnet werden.

Aber auch diese Unterscheidung reicht noch nicht aus, um das Pornographische wirklich zu erfassen. Denn auch die Formulierung «eindeutige Darstellung von sexuellen Akten» ist noch zu ungenau, weil sie Pornographie zu sehr in die Nähe des Begriffs Sexualität rückt. Die Betonung liegt vielmehr auf *Inszenierung* im Unterschied zum dokumentarischen oder puren Abbild des Sexuellen und damit auf der derzeitigen Funktion von Pornographie.

Konsum und Wirkung von Erotika und Pornographie hat der Psychologe Henner Ertel in einer umfangreichen Langzeitstudie[3] untersucht. Er kam dabei zu erstaunlichen Ergebnissen. Erstmals wurde der von den Befragten individuell empfundene Wirklichkeitsgehalt von Pornographie ermittelt. Dabei stellte Ertel überrascht fest, dass für den überwiegenden Teil der Porno-Konsumenten «unmißverständlich klar» war, «daß die pornographischen Szenarios für sie nicht nur eine Scheinwelt darstellten, sondern eine Gegenrealität»; die «Anziehungskraft von Pornographie [bestand] gerade darin, daß sie Dinge vorführte, die sie in der sexuellen Wirklichkeit nicht tun konnten oder wollten».[4]

Als die Teilnehmer in der weiteren Untersuchung über ihre sexuellen Phantasien befragt wurden, erhielt Ertel ein weiteres überraschendes Ergebnis: Pornographie erfüllt für die meisten die gleiche Aufgabe wie ihre persönlichen sexuellen Phantasien.

Die meisten Konsumentinnen und Konsumenten sind sich nämlich darüber im Klaren, dass sie eine erfundene Scheinwelt zu lesen, zu sehen oder zu hören bekommen. Und gerade die Tatsache, dass in der Pornographie alles möglich ist, was in der Realität nicht sein kann und nicht sein darf, gerade das ist der eigentliche Reiz an diesen Materialien. Insofern erfüllt die Nutzung von Pornographie die gleiche Aufgabe wie das Ausmalen von sexuellen Phantasien vor dem inneren Auge, in denen eben auch alles erlaubt ist.

Der Unterschied zwischen sexuellen Phantasien des Einzelnen und den pornographischen Darstellungen in Büchern, Filmen, Fotos etc. ist also lediglich, dass das eine im Kopfkino stattfindet und das andere in einem Medium umgesetzt wird.

Demnach bezeichnet der Begriff Pornographie alle eindeutigen, detaillierten Inszenierungen von sexuellen Phantasien, die in Wort, Bild oder Ton umgesetzt sind.

In einem Interview mit *tv diskurs* im Januar 2001 fasste der bekannte Sexualwissenschaftler Gunter Schmidt diese Erkenntnisse noch einmal zusammen:

> Die Vorstellung, daß sich in der Phantasie nur das abspielt, was wir eigentlich wollen, ist sicher falsch. Im großen und ganzen sind die Menschen mit ihrem – gemessen an den Sexmärchen der Medien – oft ja bescheidenen und in ihrem alltäglichen Streß ja auch begrenzten Sexualleben durchaus zufrieden. Daneben besteht die andere, die Phantasiewelt, doch die Vorstellung von der Phantasie in die Realität überwechseln zu wollen, ist sehr naiv. Das will eigentlich niemand. Das Schöne an der Phantasiewelt ist ja gerade, daß es eine Welt ohne Kosten und Folgen ist. Man kann sie genießen, doch man muß nicht alles so machen – Sexualität kann ja durchaus auch etwas Anstrengendes sein. So gibt es die Welt des Alltags und die symbolische Welt. In die kann man einsteigen, aus der kann man aussteigen, wann man will. Selbstverständlich dienen Erotik- oder Pornofilme auch zur Animation sexueller Handlungen, manche Paare werden durch die Programme zappen und sich inspirieren lassen, und natürlich werden die Filme auch als Masturbationsvorlage genutzt. Aber die meisten dieser

Stimuli sind heute nicht mehr handlungsgebunden. Sie bleiben in der Phantasie.[5]

Frauenbewegung, Liberalisierung und gesetzliche Regularien

Wer sich mit dem Thema Pornographie ernsthaft auseinander setzen möchte, bedarf aber nicht nur einer klaren begrifflichen Grundlage. Die öffentliche Meinungsbildung in Deutschland ist heute immer noch geprägt von den Behauptungen und Vorurteilen, mit denen die EMMA-PorNo-Kampagne Ende der 80er Jahre Pornographie zum patriarchalen Instrument der Frauenunterdrückung erklärt hatte. Damit griff die deutsche Frauenbewegung die Parolen und Ideen der amerikanischen Feministinnen auf, die mit ihren Aktionen eine öffentliche Diskussion über sexuelle Gewalt gegen Frauen eröffnet hatten. In den USA wurde als Konsequenz der teilweise erbitterten Debatten die Forderung gestellt, Frauen müssten eine selbstbestimmte Form von Pornographie entwickeln, um sich gegen männlichen Einfluss und Vorherrschaft auf diesem Gebiet mit einer eigenen Ästhetik zur Wehr zu setzen. In Deutschland dagegen richten sich die Bemühungen noch heute lediglich auf die Verschärfung gesetzlicher Möglichkeiten zur Regulierung des Vertriebs von Pornographie. Ironischerweise sind in der Bundesrepublik damit Frauen die Leidtragenden von Alice Schwarzers PorNo-Kampagne.

Deutschland hat sich 1975 der allgemeinen Liberalisierung

des Umgangs mit Pornographie in Europa angeschlossen, und dennoch finden sich heute in den bundesdeutschen Gesetzen nicht mehr zeitgemäße Bestimmungen, die in vielen anderen europäischen Ländern und in einigen Bundesstaaten der USA mittlerweile aufgehoben wurden.

So bestand in der Bundesrepublik bisher ein gesetzliches Versandhandelsverbot, das die Vertriebswege auf die herkömmlichen Porno-Shops und -Videotheken beschränkte, auf Domänen also, die von Frauen eher selten frequentiert werden. Mit dem Inkrafttreten des neuen Jugendschutzgesetzes (JuSchG) sowie des Jugendmedienschutz-Staatsvertrags (JMStV) am 1. April 2003 ist heute theoretisch der Versandhandel mit Pornographie gestattet, wenn ein Versandhändler sicherstellen kann, dass keine Auslieferung an Kinder und Jugendliche erfolgt. Dieser Neuregelung stehen aber immer noch die Geschäftsbestimmungen und die Preisgestaltungen der Versandwege Post und Kurierdienste entgegen. Das so genannte Postident-Verfahren, bei dem der Postbote das Paket nur an den tatsächlichen Adressaten abliefert und durch Vorlage des Personalausweises dessen Alter kontrolliert, wird bei den Obersten Landesjugendbehörden zwar als ausreichend anerkannt. Tatsächlich wird dieser Service von der Post aber noch gar nicht angeboten. Derzeit mögliche Zustellungen eines Pakets als Express mit eigenhändiger Annahme, also die Auslieferung nur an den Empfänger persönlich, sind mit Kosten von etwa 30 Euro zu unrentabel für den klassischen Versandhandel.

Auch bei der Handhabung von Pay-TV-Angeboten klaffen Theorie und Praxis ähnlich weit auseinander. Das Programmangebot wird ab 22 Uhr zwar nur noch verschlüsselt ausgestrahlt und kann erst nach Eingabe eines PIN-Codes empfangen werden. Dennoch verbietet der Gesetzgeber die Ausstrahlung pornographischer Filme auch im Pay-TV.

Im Vergleich zu anderen europäischen Ländern (z. B. Frankreich, Schweiz, Dänemark) hinkt Deutschland auf diesem Gebiet der allgemeinen Entwicklung hinterher. Bevor wir aber hierzulande zu einem entspannteren Umgang mit der Pornographie gelangen können, sollten wir erst einmal die weit verbreiteten Vorurteile und Irrtümer aufdecken und vor allem die historischen Ursachen für die deutsche Sicht auf die Pornographie erklären.

Irrungen und Wirrungen der Anti-Porno-Bewegung

Es ist sehr schwierig, sich auf eine allgemeingültige Bewertung von Pornographie einigen zu wollen, selbst für diejenigen, die die Notwendigkeit einer begrifflichen Festlegung einsehen, oder für jene, die die Einschränkung von Pornographie als Eingriff in die Meinungsfreiheit mündiger Bürger beurteilen.

Es gibt kaum eine Diskussion über dieses Thema, die sachlich und leidenschaftslos geführt wird. Dabei stellt sich die Frage, was eigentlich die Auseinandersetzung mit Pornographie bei den Beteiligten bewirkt. Und da sind wir wieder bei der Definition des Begriffs. Pornographie bildet sexuelle Phantasien ab. Und sie ist deshalb wirtschaftlich so erfolgreich, weil sie offensichtlich die Phantasien einer großen Masse trifft. Die Konsumenten wissen das und suchen sich für den persönlichen Gebrauch die Materialien heraus, die ihre jeweiligen Vorlieben befriedigen. Die Kunden kennen also ihre heimlichen Wunschvorstellungen, und mit mehr oder weniger ausgeprägtem Schamgefühl nutzen sie die Angebote. Diese Nutzer – vor allem Männer, aber zunehmend auch Frauen – gehören wohl kaum zu den Kritikern der Pornographie, allenfalls bemängeln sie die fehlende Qualität des Porno-Angebotes.

Während die Konsumentinnen und Konsumenten einen recht entspannten Umgang mit der Pornographie pflegen, weigern sich die Kritikerinnen und Kritiker zumeist, sich überhaupt mit den pornographischen Darstellungen auseinander zu setzen, was sie aber nicht daran hindert, diese vehement zu verteufeln. Da wird über die bildliche Zerstückelung des weiblichen Körpers geredet und über die Herabwürdigung ausschließlich von Frauen zu Sexualobjekten. Da werden die Porno-Inhalte als eine unablässige Folge von Vergewaltigungen beschrieben, die als Anleitungen zu sexueller Gewalt gegen Frauen dienen sollen. Und die angebliche Tatsache, dass die Porno-Darstellerinnen ihre scheinbare Erniedrigung auch noch genießen müssen, wird als besonders abscheulicher Schlag gegen die weibliche Würde empfunden. Als Beweis dienen den Porno-Gegnerinnen und -Gegnern inhaltliche Beschreibungen von Pornos, in denen Frauen auf allen vieren den männlichen Darstellern zu Diensten sein müssen. Diese undifferenzierte Form von Kritik trifft jedoch nicht auf die pornographischen Inhalte zu. Sie offenbart vielmehr die Persönlichkeitsstruktur des Kritikers.

> In den Pornos geschehen [...] allerlei Ungeheuerlichkeiten. Also ist der Betrachter ein Ferkel, denn wenn er nur könnte, dann würde er den Text, das Bild, den Gedanken in die Tat umsetzen. Hier liegt der Grund für die moralische Verteufelung der Pornografie. Weniger der

> Konsument nimmt sie ernst, sondern der Kritiker. Und dieser fürchtet sich nicht vor der Pornografie, sondern vor sich selbst. Er kanzelt Pornografie ab, um, wie er befürchtet, sich nicht selbst zu begegnen.[6]

Mit dieser Beschreibung des Kritikercharakters liefert der Autor und Moderator Matthias Frings (er hatte Mitte der 1990er Jahre das Magazin «Liebe Sünde» moderiert) eine grundsätzliche Erklärung für die teilweise so polemischen Diskussionen zum Thema Pornographie. Denn wer seine eigenen sexuellen Phantasien nicht zulassen kann, für den muss eine Begegnung mit den utopischen Welten der ewigen Wollust beängstigend sein, vor allem wenn sie wider den eigenen Willen Wirkung zeigt. Den einzigen Schutz vor der Versuchung des Pornographischen findet der Kritiker und natürlich die Kritikerin in der generellen Ablehnung aller pornographischen Materialien, wodurch jede inhaltliche Auseinandersetzung als Zumutung verurteilt und ausgeschlossen wird.

Doch genau diese undifferenzierte Haltung der meisten Porno-Gegnerinnen und -Gegner hat dazu geführt, dass sich viele Behauptungen, Vorurteile und Fehlschlüsse bis heute in der öffentlichen Meinung halten konnten. Dazu gehören die irrigen Meinungen, in der Bundesrepublik gebe es einen Porno-Versandhandel, und Pornographie sei die einseitige Darstellung von frauenverachtenden Machophantasien. Die Argumente gegen Pornographie verdeutlichen aber vor allem Folgendes:

- Die meisten an den Diskussionen Beteiligten haben keinen Überblick über Inhalt und Ausprägung des pornographischen Angebots.

- Die Kenntnisnahme des Diskussionsgegenstands wird aufgrund der vorgenommenen Bewertung als unzumutbar empfunden.
- Pornographie gilt als Instrument der frauenverachtenden Männergesellschaft, um Frauen weiterhin zu unterdrücken.
- Pornographie ist gefährlich und muss verboten werden.

EMMA und die PorNo-Kampagne[7]

Die öffentliche Meinung, dass Pornographie ein Instrument zur Unterdrückung der Frau sei, hat in Deutschland ihre Ursache in der Anti-Porno-Debatte, die Ende der 1980er Jahre von Alice Schwarzers EMMA initiiert wurde.[8]

Die PorNo-Kampagne basierte auf der im gleichen Jahr in Deutschland veröffentlichten und mit einem Vorwort von Alice Schwarzer versehenen Übersetzung von Andrea Dworkins Buch «Pornographie. Männer beherrschen Frauen»[9]. Sowohl der Slogan «Pornographie ist die Theorie, Vergewaltigung die Praxis»[10] als auch die inhaltliche Gestaltung der Aktionen wurden von den amerikanischen Initiatorinnen übernommen, die bereits Ende der 1970er Jahre ihren Kampf gegen die Pornographie begonnen hatten.

Zum Ende des Jahres 1987 legte EMMA einen auf die bundesrepublikanische Gesetzgebung zugeschnittenen eigenen Entwurf eines Anti-Porno-Gesetzes vor. Dieser enthielt neben einer Begriffsdefinition von Pornographie als der verharmlosenden Darstellung misshandelter Frauen entsprechend der US-amerikanischen Vorlage das zivilrechtliche Klagerecht – allerdings nur für betroffene Frauen.

Die anfänglich zahlreichen öffentlichen Beiträge, die sich mit den Vorschlägen der Pornographie-Gegnerinnen auseinander setzten, verdeutlichten sowohl in den USA als auch in Deutschland eine starke Polarisierung der Positionen: Auf der Seite der Aktivistinnen fanden sich sowohl Radikalfeministinnen als auch konservative Politikerinnen und Politiker zusammen, deren erklärtes Ziel die größtmögliche Einschränkung der Herstellung und des Vertriebs pornographischen Materials war. Auf der anderen Seite formierte sich innerhalb der Frauenbewegung Widerstand gegen die als Zensurbestrebungen verstandenen Gesetzesentwürfe. In den USA gründeten einige bekannte Autorinnen sogar die Anti-Zensur-Gruppe FACT (Feminist-Anti-Censorship Task Force).

> Die Pornographie-Gegnerinnen reagierten besonders scharf und erbittert auf Kritik aus dem feministischen Lager, wie etwa vonseiten der FACT, wobei sie oft nicht bereit waren, zwischen unterschiedlichen Positionen zu differenzieren. Kritikerinnen ihrer Inhalte und Aktionsformen wurden häufig pauschal als Pornographie-Befürworterinnen eingestuft, gleichgültig, ob diese nun tatsächlich für Pornographie eintraten oder ob sie sich lediglich gegen eine staatliche Zensur aussprachen [...] Der Konflikt um Pornographie und staatliche Zensur ist seit Ende der siebziger Jahre in der US-amerikanischen Frauenbewegung zunehmend eskaliert.[11]

Auch in Deutschland ernteten die Anti-Porno-Aktionen der Feministinnen Kritik aus den eigenen Reihen. Diese richtete sich vor allem gegen die Verwendung des umstrittenen «Meese-Reports» als Argumentationsgrundlage und die Ernennung Andrea Dworkins zur Gallionsfigur der Kampagne. Auf Betreiben des damaligen US-Präsidenten Ronald Reagan ernannte der Justizminister Edwin Meese eine mehrheitlich konservative Kommission, die die Auswirkungen von Pornographie auf die Gesellschaft untersuchen sollte. 1985 wurde der Abschlussbericht veröffentlicht, der Pornographie als eindeutig gesellschaftsschädigend wertete. Obwohl die Besetzung des Gremiums ebenso wie die verwendeten Methoden der Beweisaufnahme äußerst umstritten waren, berief sich die EMMA-Kampagne auf die angeblich alarmierenden Ergebnisse des Berichts, ohne allerdings die politische Zielsetzung der Kommission und die Tatsache, dass sich zwei Mitglieder des Ausschusses ausdrücklich vom Abschlussbericht distanzierten, zu erwähnen. Auch die Erhebung Dworkins zur unangefochtenen feministischen Vordenkerin verdeutlichte, wie einseitig und zweckorientiert Veröffentlichungen für eine größere Medienwirksamkeit der Kampagne eingesetzt wurden.

Es gab auch damals sachlichere Auseinandersetzungen mit dem Thema. Dennoch beschränkte sich die deutsche Kampagne auf die in Europa bekannteste Aktivistin der US-amerikanischen Anti-Porno-Bewegung, weil sich ihr Buch mit seinen häufig simplen, parolenhaften Formulierungen besser für die öffentliche Wirkung eignete als eine kompliziertere Analyse.

Mit ihrer Schwarz-Weiß-Malerei, der Verwendung platter Parolen und der Ausgrenzung differenzierterer Positionen setzte sich die Initiative sowohl in Bezug auf die Inhalte als auch auf den Stil der Kritik aus. Gertrud Koch (heute Professorin für Filmwissenschaft an der FU Berlin) wertete die öffentliche Resonanz dieser Kampagne sogar als «Bereitschaft, das emanzipatorische Potential der letzten zwei Dezennien zu verspielen.»[12]

Die Literaturwissenschaftlerin Silvia Bovenschen charakterisierte die ganze Initiative als falschen Ansatz, denn «auf falsche Fragen gibt es keine richtigen Antworten»[13]. In Bezug auf die für die Kampagne so wichtige Veröffentlichung von Dworkin stellte sich Bovenschen die Frage, was das alles mit Pornographie zu tun hätte.

> Wenn nach der Lektüre dieses Buches eine Konsequenz auf der Hand liegt, dann nicht so sehr die des Verbots von Pornographie, sondern die des Verbots von Männern.[14]

Den Höhepunkt der Aktionen gegen Pornographie bildete schließlich die Präsentation des Gesetzesentwurfs. Für dessen Durchsetzung hoffte die EMMA-Redaktion allerdings vergeblich auf die Unterstützung von Politikerinnen aus allen Parteien. Obwohl die Aktion besonders bei einigen SPD-Parlamentarierinnen als Anstoß für eine notwendige öffentliche Debatte über Pornographie gewertet wurde, kritisierten die meisten Parlamentsmitglieder die konkrete Gesetzesvorlage als unwirksam und nicht durchführbar.

Am 13./14. September 1988 hielt die SPD-Fraktion schließlich eine öffentliche Anhörung unter dem Titel «Pornographie – hinsehen oder wegsehen» in Bonn ab mit dem Ziel,

> auf dieser Grundlage die Notwendigkeit und die Geeignetheit von Gesetzesinitiativen oder anderen Maßnahmen zu überprüfen und politischen Handlungsbedarf zu ermitteln.[15]

Die Auswirkungen der Anti-Porno-Debatte auf die öffentliche Meinung

Aufgrund mangelnder konkreter Ergebnisse und greifbarer Konsequenzen ebbte das öffentliche Interesse an dieser frauenpolitischen Diskussion über Pornographie zwar bis Ende der 1980er Jahre wieder ab. Die Diskussion wurde aber kurzfristig zum Regierungswechsel 1998 wieder aufgegriffen. Die damalige SPD-Familienministerin Christine Bergmann hatte sich zum Ziel gesetzt, Pornographie im Strafgesetzbuch neu zu definieren, ohne dass dieser Vorgabe aber jemals konkrete Maßnahmen folgten. Dennoch hatte die PorNo-Debatte weitreichende Folgen für die öffentliche Meinung über Pornographie. Es wird als Verdienst der Frauenbewegung interpretiert,

> unüberhörbar auf diese gegen Frauen gerichtete Gewalt hingewiesen zu haben. Zunächst in den USA, dann auch in der Bundesrepublik wurde Mitte der 1970er Jahre das Problem Pornographie im Zusammenhang mit Erniedrigung von Frauen und Gewalt gegen Frauen von Feministinnen in die öffentliche Diskussion gebracht. Immer mehr Frauen verwahrten – und verwahren – sich gegen die Vermarktung des weiblichen Körpers, gegen die Instrumentalisierung und Herabwürdigung des weiblichen (und nur des weiblichen!) Körpers zum Zwecke der Verkaufssteigerung und im Interesse der Befriedigung fragwürdiger Bedürfnisse nach Sex in Verbindung mit Gewalt.[16]

In welch zweifelhafte Richtung damit der feministische Kampf gegen Pornographie geraten war, fasste Silvia Bovenschen in ihrem bereits genannten Artikel sehr treffend zusammen: Die Konsequenz der Kampagnen war nicht der Ruf nach einem Pornographie-Verbot, sondern nach einem Verbot der Männer. Somit wurde Pornographie zu einer Rund-um-Keule im Geschlechterkampf.

Männermacht und Frauenunterwerfung

Niemand wird bestreiten wollen, dass die kulturelle Geschichte Europas bis in unsere heutige Zeit bestimmt ist durch eine männliche Vorherrschaft in den gesellschaftlichen, politischen und wirtschaftlichen Bereichen. Der Kampf um die Aufhebung der damit einhergehenden Beschränkungen der persönlichen und öffentlichen Rechte von Frauen prägt auch heute noch das gesellschaftliche Leben, wenn auch mit abnehmender Tendenz. Aber eines ist sicher: Die tatsächliche persönliche, soziale und wirtschaftliche Gleichstellung von Frauen und Männern ist immer noch nicht in Sicht. Mit der um 1800 einsetzenden Frauenbewegung mit ihren Forderungen nach freien Bildungsmöglichkeiten und nach wirtschaftlicher und staatsbürgerlicher Gleichberechtigung begann aber eine Entwicklung, die die Auseinandersetzung mit den vielfältigen Formen von Männermacht und Frauenunterwerfung ins öffentliche Interesse rückte. Seit den ersten Erfolgen des freien Zugangs zu den Bildungsanstalten und der Anerkennung des Frauenstimmrechts (in Deutschland 1918, USA 1920, Großbritannien 1928, Frankreich 1944) haben sich die Rahmenbedingungen für Frauen in Europa und den USA grundlegend verändert, vor allem in der Rechtsprechung und im gesellschaftlichen Bereich.

Wie grundlegend das Macht- und Unterwerfungsgefüge jedoch auch das persönliche Verhältnis zwischen Frauen und Männern bestimmt(e), verdeutlichten erst die feministischen Debatten seit etwa 1970, als die Forderung nach sexueller Selbstbestimmung der Frauen öffentlich diskutiert wurde.

Erinnern wir uns daran, dass zu jener Zeit der Geschlechtsverkehr als eheliche Pflicht galt, auf deren Einlösung der Ehemann bestehen konnte. Vergewaltigungen in der Ehe galten nicht als Straftatbestand, sondern wurden wenn überhaupt als Kavaliersdelikte angesehen, die selten vor Gericht behandelt und noch seltener verurteilt wurden.

In diesem gesellschaftlichen Klima hielten pornographische Materialien nach der Erfindung des Schmalfilms und später des Videos als Massenprodukte Einzug zuerst in die Kinos und dann in die privaten Haushalte. Die politische Freigabe der Herstellung und Verbreitung pornographischen Materials an Erwachsene (zuerst in Dänemark 1967, USA 1973, BRD 1975) wurde zunächst als ein Sieg der gesellschaftlichen Liberalisierung gefeiert, bestärkt durch erste Ergebnisse der Wirkungsforschung in Dänemark, die nach der Freigabe eine Abnahme sexueller Gewalthandlungen gegen Frauen feststellte.

In die gleiche Epoche fiel die Markteinführung der Anti-Baby-Pille (zuerst in den USA 1960, BRD 1961), die so genannte sexuelle Revolution, gefolgt von der «Women's Liberation» (Frauenbefreiung), «Frauen-Power» (Frauenmacht) und lila Latzhosen. Die Verkürzung wichtiger Entwicklungsprozesse auf einige, unvollständige Schlagworte sei hier erlaubt, weil sie lediglich an die gesellschaftlichen Ereignisse erinnern sollen, die den Rahmen für die Anti-Porno-Debatte bildeten.

Die Zeit war reif für eine Abrechnung mit dem herrschaftlichen Machtgebahren der Männer, für die Einforderung der körperlichen Selbstbestimmung der Frau und damit für ein öffentliches Anprangern sexueller Gewalt gegen Frauen. Und in diesem feministischen Kampf wurde Pornographie zu einem Instrument der Frauenrechtlerinnen stilisiert, in dem sie diese zu einem Instrument der Männermacht zur Frauenunterdrückung erklärten. Die Trennung zwischen guter Frauenerotik und schlechter Männerpornographie war ebenso typisch für den Standpunkt der Porno-Gegnerinnen wie die Verdrehung von Ursache und Wirkung in Bezug auf pornographische Materialien. Denn das im moralischen Eifer der Debatten geforderte generelle Verbot von Pornographie erweckte den Eindruck, dass damit alle Probleme sexueller Gewalt gegen Frauen gelöst werden könnten, so als wäre die Pornographie die Ursache für sexuelle Gewalt.

Positiv und wichtig an den Debatten sowohl in den USA als auch in Europa war und ist, dass sie überhaupt das Problem sexueller Übergriffe und Gewalthandlungen in das öffentliche Bewusstsein gebracht haben und dass die Feministinnen das längst überfällige Selbstbestimmungsrecht für Frauen über ihren eigenen Körper und die damit einhergehende Unantastbarkeit der weiblichen Würde eingefordert haben.[17] Die Kehrseite dieses Erfolgs ist die Brandmarkung der Pornographie als eines rein männlichen Phänomens, das sowohl sexuelle Gewalt gegen Frauen zum Inhalt habe als auch eine solche verursache.

Gute Frauenerotik und schlechte Männerpornographie?

Wie oben bereits festgestellt, war die Trennung zwischen Erotik und Pornographie typisch für den Standpunkt der Porno-Gegnerinnen.[18] Damit einher ging die Einteilung in *Frauen*erotik und *Männer*pornographie und die weitere Bewertung in *gute* Frauenerotik und *schlechte* Männerpornographie. Grundsätzlich galt also jede Form von Darstellungen sexueller Phantasien von Männern als Pornographie und somit als schlecht und Frauen verachtend, wohingegen die Darstellungen von sexuellen Frauenphantasien als erotisch und gut bezeichnet wurden. Pornographie ist also in diesem Zusammenhang die Darstellung von sexueller Gewalt gegen Frauen. Erotik meint alles andere.

Diese Vereinfachung gerät bereits mit der Betrachtung von schwuler Pornographie und den Inhalten der so genannten Frauenerotik ins Wanken. Beide Darstellungsformen sind geprägt von überwiegend sadomasochistischen bzw. verschiedensten Formen von Dominanz- und Unterwerfungsphantasien. Als Beispiele seien hier nur die Videos der schwulen Produktionsfirma Cazzo-Film Berlin (z. B. «Berlin Techno Dreams», «Unter Männern») und die Fotobände von Krista Beinstein (z. B. «Theater der Ekstase») und Claude Alexandre (z. B. «Gewalt und Zärtlichkeit») genannt. Diese Werke zeigen allesamt Episoden von sexuellen Phantasien, in denen es um Hingabe und Verführung, Macht und Unterwerfung geht, teilweise mit drastischen Bildern, die deutlich mit dem Element Gewalt spielen.

Im Rahmen der Recherche zu meinem Dissertationsthema «Frauenpornographie» konnte ich mir einen umfassenden

Überblick über pornographische Materialien verschaffen. Dazu gehören sowohl Bücher, Heftchen, Fotos als auch Videos, Comics und Kinofilme. Und Folgendes kann ich mit Sicherheit behaupten: Die auf dem freien Markt erhältlichen Pornos schwuler und lesbischer sexueller Phantasien enthalten teilweise sexuelle Darstellungen in Verbindung mit Gewaltelementen, die im Bereich der herkömmlichen Pornographie verboten wären. Dies gilt besonders auch für pornographische Darstellungen von Frauen, wie sie die Autorin und Regisseurin Virginie Despentes in ihrem umstrittenen Film «Baise-moi» zeigt, der, hätte er einen männlichen Regisseur, niemals in die Kinos gekommen wäre. Noch deutlicher wird dies am Beispiel des Romans «Lulú» der Autorin Almudena Grandes. Das Buch, erhältlich in jeder Buchhandlung, also auch für jeden Jugendlichen zugänglich, enthält Beschreibungen sadomasochistischer Praktiken, bei denen das Blut nur so spritzt. Geschrieben von einer Frau, wurde es mit dem spanischen Erotikpreis ausgezeichnet und gilt im Sinne der Porno-Gegnerinnen als Erotik.

Warum aber dürfen schwule Männer und lesbische oder heterosexuelle Frauen mit dem Element Gewalt spielen, während in der herkömmlichen Pornographie schon eine einfache Fellatio (Reizung des männlichen Geschlechtsteils mit Zunge und Mund) als frauenverachtend und sexistisch gilt?

Die Antwort liegt mindestens in zweierlei Umständen begründet, nämlich:

- im Charakter der Kritikerinnen und Kritiker, die das verdammen, was sie am meisten fürchten
- und in den Auswirkungen der Anti-Porno-Kampagnen auf die öffentliche Meinung.

Die Anti-Porno-Kampagnen in den USA und in Deutschland mit ihren eingängigen Parolen haben in unseren Köpfen Spuren hinterlassen. Die angeprangerten Missstände sind den Frauen vertraut und auch den Männern nicht mehr unbekannt. Der Handlungsbedarf wurde allgemein anerkannt, und dass die Wiedereinführung und Erweiterung der gesetzlichen Einschränkungen von Pornographie eine Lösung für die aufgeworfenen Probleme zwischen Frauen und Männern liefern könnten, ist einfach zu verlockend. Weil ein über Generationen vermitteltes Machtverhältnis nicht ohne eine Revolution der bestehenden Ordnung von heute auf morgen aufgehoben werden kann, müssen wenigstens Aktionen her, die sofortigen Erfolg vermitteln. Im notwendigen Kampf der Frauen um ihre Selbstbestimmung und Gleichberechtigung waren die Anti-Porno-Kampagnen ein solches Aktionsmittel, mit dem sich ein publikumswirksamer Erfolg zur Schau stellen ließ. Nun gab es ja tatsächlich viele Erfolge zu verbuchen, aber eben nicht auf dem Gebiet der Pornographie, wo es seit der Freigabe in den 70er Jahren keine neuen Einschränkungen oder Gesetzesänderungen mehr gegeben hat. Und so ebbte das Interesse an diesem Thema langsam ab. Aber weil sie nur oft genug wiederholt wurden, gerieten die Vorurteile mit der Zeit zu nicht mehr hinterfragten Tatsachen: «Pornographie ist frauenverachtend und lehrt Männer, wie sie ihre Frauen sexuell unterdrücken können.»

Wer über Pornographie redet, sollte sich erst einmal darüber klar werden, mit welcher Zielsetzung er dieses Thema behandelt, oder ob er nicht besser die gemeinten Probleme beim richtigen Namen nennt. Wer Vergewaltigung meint, spricht nicht über Pornographie, sondern über sexuelle Gewalt gegen Frauen. Wer über Gewaltverherrlichungen und schwer jugendgefährdende Materialien redet, meint nicht herkömmliche Pornographie, sondern den Straftatbestand der Verbreitung illegaler Werke. Wer Jugendschutz fordert, um Pornographie einzuschränken oder sogar zu verbieten, verlangt die Beschneidung der Meinungsfreiheit.

Bei der Diskussion über Pornographie sollten stattdessen die Inhalte, ästhetische Maßstäbe, Produktions- und Arbeitsbedingungen, gesetzliche Verbote und dergleichen thematisiert werden. Denn was an der Pornographie tatsächlich schockiert, ist die teilweise entsetzliche Qualität der Produkte, die Geschmacklosigkeit der Darstellungen und die Tatsache, dass dieses Genre aufgrund der gesetzlichen Vertriebsbeschränkungen hauptsächlich dem männlichen Teil der Bevölkerung vorbehalten bleibt. In diesem Sinne ist Pornographie wirklich ein gutes Beispiel für die Einschränkung der Gleichberechtigung.

In der Auseinandersetzung mit den vielfältigen Aspekten des Themas Pornographie lassen sich an dieser Stelle folgende Ergebnisse zusammenfassen:

- Pornographie ist die eindeutige und detaillierte Darstellung sexueller Phantasien in allen Medien.
- Somit stellen die pornographischen Produkte (Bücher, Comics, Fotos, Filme, Hefte etc.) die sexuellen Phantasien der Konsumentinnen/Konsumenten und Produzentinnen/Produzenten dar.
- Der Markt für Pornographie unterliegt der gleichen betriebswirtschaftlichen Ordnung wie alle anderen Märkte

auch. Er wird durch Angebot und Nachfrage und einen festgelegten juristischen Rahmen geregelt.

- Das Thema Pornographie wurde in den bisherigen Diskussionen häufig als Platzhalter und Paradebeispiel für gesellschaftliche Missstände benutzt. Dadurch wurde besonders in den letzten zwanzig Jahren eine differenzierte Auseinandersetzung mit dem Phänomen Pornographie verhindert.
- Die gesetzliche Beschränkung des Porno-Marktes auf Sex-Shops und -Videotheken hat eine Angebot- und Nachfrage-Struktur etabliert, die vor allem auf männliche Kunden abzielt. Als Konsequenz konnte sich in der Bundesrepublik bisher kein Markt für anspruchsvollere Materialien aufbauen, die vor allem ein weibliches Publikum ansprechen würden.
- Diese Situation betrifft hierzulande vor allem Frauen als Produzentinnen und Konsumentinnen, aber auch diejenigen interessierten Männer, die über die herkömmlichen Vertriebswege nicht erreichbar sind.
- Damit wird in Deutschland der bisherige Markt für anspruchslose Billigproduktionen gesetzlich geschützt, während die Herstellung und Verbreitung qualitativ hochwertiger Materialien behindert wird.

Gattungsbegriffe, Tabus und eine literarische Erklärung

Wer einmal die bisherigen Argumente gegen Pornographie als unhaltbar durchschaut hat und bereit ist, sich von seinen eigenen Vorurteilen zu verabschieden, der kann Pornographie als ein Genre unter vielen erkennen, für das sich der/die eine begeistern mag und der/die andere eben nicht.

Ich selbst bin zum Beispiel ein Fan von bombastischen Actionfilmen wie James Bond oder Triple X. Aber Grusel- und Horrorschocker kann ich nicht ertragen. Wenn ich mir die einmal versehentlich anschaue, kann ich nächtelang nicht ruhig schlafen. Dafür liebe ich aber Biographien und historische Romane und – ich gestehe es – ich lese gern «Tim und Struppi»-Comics. Meine Vorlieben teilen vielleicht manche, andere werden mich belächeln, aber wohl kaum einer wird mir die Freiheit absprechen wollen, kostbare Freizeit dem Anblick des Obermachos Vin Diesel zu opfern.

Warum können wir einerseits die vielfältigen Geschmäcker tolerieren und es sogar allen Erwachsenen freistellen, sich blutrünstige Grusel-Schocker oder grausige Kriegs-Epen anzusehen? Und warum gibt es andererseits Bestrebungen, die Möglichkeit, Pornographie zu konsumieren, so weit es geht einzuschränken?

Wer ein Verfechter der These ist, Medieninhalte könnten uneingeschränkt Wirklichkeit und Wahrnehmung des Menschen beeinflussen, müsste doch zu allererst gegen Gameboys, Playstations, Computerspiele, Zeichentrickfilme und die Hälfte aller Erzeugnisse der Comic- und Filmindustrie einschreiten. Im Vergleich zu diesen Produkten werden pornographische Darstellungen nur von einem sehr viel geringeren Teil der Bevölkerung konsumiert, nämlich etwa von 20 bis 25 Prozent Männern und Frauen, die gelegentlich bis häufig Pornographie nutzen.

Aber im Gegensatz zu den anderen Genres behandelt die Pornographie eines der letzten kollektiven Tabus. Nein, nicht der

Sex ist gemeint, der ja von den meisten Jugendlichen und Erwachsenen praktiziert wird, sondern die sexuellen Phantasien sind es, die so viele vor dem Thema zurückschrecken lassen.

Während in Gesetzgebung und Wissenschaft immer noch der Konsens fehlt über eine neutrale Begriffsbestimmung, die keine moralischen Bewertungen enthält, sind sich die Konsumentinnen und Pornographinnen schon längst einig über Bedeutung und Funktion von sexuellen Phantasien in der Pornographie.

Besonders anschaulich beschreibt das die australische Autorin Linda Jaivin in ihrem bei Hoffmann und Campe erschienenen Roman «Haut und Haar». In einer amüsanten Anekdote lässt sie eine ihrer Heldinnen die Grundlage und Aufgabe von sexuellen Phantasien erklären und verdeutlicht damit auf humorvolle Weise den obigen Definitionsansatz.

Zum Inhalt: Die Freundinnen Chantal, Helen, Julia und Philippa treffen sich zu einem Abendessen, um über die neuesten amourösen Verwicklungen zu plaudern und sich – natürlich – über Sex zu unterhalten. Im Laufe des Abends berichtet Chantal von ihren Erfahrungen mit einem Escort-Service, bei dem sie sich einen schwarzen Matrosen als Aushilfs-Lover bestellt hatte.

> «Als ich die Tür öffnete, stand meine fleischgewordene Phantasie vor mir. Aber das merkwürdigste war, daß er sogar einen Matrosenanzug trug.»
> «Muß ein beliebter Wunsch sein.»
> «Ja, ich hatte nicht ganz einkalkuliert, wie vorhersehbar die Popularität von Matrosen ist. [...]
> Jedenfalls, da stand er und grinste mich an. ‹Wie geht's?›, sagte er mit schleppendem Südstaatenakzent

und musterte mich von oben bis unten. ‹Ich heiße Eddie und freue mich sehr, dich kennenzulernen.›
‹Äh, Tag›, begrüßte ich ihn – Klischee gegen Klischee. ‹Ich bin Ramona. Komm rein, großer Junge.›»
«Ramona?»
«Meinen richtigen Namen mochte ich ihm einfach nicht nennen. Ich dachte mir, mit einem Pseudonym würde ich mich, na ja, freier fühlen. [...] Er war Eddie, meine Phantasie. Und als Ramona war ich ebenfalls meine Phantasie, versteht ihr?
Ich bot ihm mit zitternden Händen einen Drink an. Als er merkte, wie nervös ich war, nahm er meine Hand, schaute mir direkt in die Augen und sagte: ‹Ramona, Schnuckelchen, sei nicht nervös. Wir tun doch nichts, was du nicht möchtest. Du bist die Lady und hast das Sagen. Und wie ich gehört habe›, zwinkerte er, ‹magst du das gern.› Ich wurde knallrot. ‹Du bist eine ganz bezaubernde Lady.›
Mit diesen Worten ließ er seinen eigenen ganz bezaubernden Körper behutsam in den Zebrasessel sinken. Ihr wißt ja, wie wir in dem Ding immer völlig verschwinden. Er dagegen füllte es ganz und gar aus. Dann schaute er auf seinen Schritt hinunter, dorthin, wo sich der Stoff über etwas dehnte, das sogar durch die Hose wie der unglaublichste Ständer aussah, den ich je in meinem Leben gesehen habe. ‹Und jetzt schau dir das an›, sagte er und schüttelte seinen großen, schönen Schädel, ‹der kleine Bursche findet das auch.›
‹So klein ist der Bursche nun auch wieder nicht›, erwiderte ich und dachte insgeheim: Tja, Chantie, jetzt hast du, was du wolltest, nicht wahr? Ich nahm meinen

Mut zusammen, streckte die Arme von mir, so daß sich mein Kimono öffnete, ließ ihn dann auf den Boden fallen, und irgendwie fiel mit dem Rascheln der Seide wie durch Zauberhand meine Nervosität von mir ab. Dann stolzierte ich zu ihm hinüber, und, nun ich muß sagen, ich hab was für mein Geld gekriegt. Mit Zinsen.»

«Komm schon, Chantie! Damit kannst du uns doch nicht abspeisen. Wir wollen Einzelheiten», rief Julia.

«Einzelheiten!» wiederholte Philippa.

«Jawohl, Einzelheiten!» stimmte Helen in den Chor ein.

«Ach, ihr wißt es doch.» Chantal zündete sich eine Zigarette an. «Ihr wißt genau, was als nächstes kommt. Küß, küß, reib, reib, leck, leck. Hier rein und raus, da rein und raus.»

«Nicht zu fassen», meinte Philippa kopfschüttelnd. «Und was ist mit dem Sadomaso-Teil?»

«Also, wißt ihr, es wäre viel einfacher, wenn ihr Mädels nicht immer so gut zuhören würdet.»

«Weiter!»

«Schon gut, schon gut. ‹Nun›, meinte ich, ‹ich hab tatsächlich gern das Sagen. Und deshalb, Matrose, nennst du mich ab jetzt Herrin. Du stehst sofort aus dem Sessel auf und begibst dich auf allen vieren zu mir.›»

«Moment mal.» Helen war plötzlich hellhörig geworden. «Soll das heißen, du hast einen Schwarzen zum *Sklaven* degradiert? Gütiger Himmel, Chantal, findest du das nicht ein bißchen rassistisch? Ich meine, denk nur an die geschichtliche Bedeutung und die ideologischen Auswirkungen ... Ich glaube, ich würde so was nie übers Herz bringen.»

«Vergiß nicht, Helen, hier geht es um die Inszenierung einer Phantasie. Mit seiner Zustimmung. Nicht ums wirkliche Leben, meine Gute. Manchmal hätte ich zwar nichts gegen ein Gefolge von spärlich bekleideten Sklaven und Sklavinnen jeglicher Hautfarbe einzuwenden, aber wenn sich mir tatsächlich jemand zu Füßen werfen und mich anflehen würde, mir dienen zu dürfen, würde ich wahrscheinlich vor Peinlichkeit sterben.»[19]

Und genau darum geht es auch in der Pornographie. Es werden sexuelle Phantasien inszeniert, die zu äußern den meisten Menschen im wirklichen Leben peinlich wären. Wenn wir Pornographie als eine mediale Scheinwelt der unbegrenzten sexuellen Möglichkeiten begreifen, dann können wir ihre Inhalte als von der Wirklichkeit abgekoppelte Phantasien verstehen, die eben nicht zeigen, wie es ist oder sein sollte, sondern wie es in einer utopischen Welt der Wollust sein könnte. Und auch Chantals Geschichte stellt sich schließlich als ihre Erfindung heraus, mit deren Erzählung sie ihre Freundinnen provozieren wollte.

Vielen mag diese Interpretation des Pornographischen ohne weiteres einleuchten, weil es vielleicht ihrem eigenen Verständnis entspricht, oder weil es sie erleichtert, Pornographie als eine harmlose kulturelle Erscheinung zu betrachten.

Doch es wird auch andere Stimmen geben, die jetzt empört aufschreien: «Verrat an der Emanzipation!» oder wieder einmal «Pornographie ist die Theorie und Vergewaltigung die Praxis!».

Dieses Buch ist kein Plädoyer für die Porno-Industrie, wie später noch deutlich werden wird. Aber es soll den Leserinnen und Lesern ermöglichen, ihre Vor-Urteile zu hinterfragen und sich eine selbständige Meinung über ein Thema zu bilden, das viele Facetten hat.

Und nun sind wir endlich bei den pornographischen Inhalten angelangt. Was also schockiert die Kritikerinnen und Kritiker derart, dass sie die weitere Liberalisierung des Pornographie-Vertriebs zu verhindern suchen und die angebliche Pornographisierung der Gesellschaft als Symptom für den Niedergang des Abendlands anprangern?

Teil 2:

Ein Hoch auf die sexuelle Phantasie und ihre kleine Schwester, die Pornographie

> Pornographie ist eine Kunstform, die uns uneingeschränkten Zugang zur menschlichen Phantasie gestattet.
>
> *Camille Paglia*[20]

Die Fähigkeit zu phantasieren ist eine der grundlegenden Eigenschaften, die die menschliche Spezies kennzeichnen. Bereits als Kleinkinder sind wir in der Lage, aus dem uns umgebenden Alltag herauszutreten und uns in erdachten Gedankenwelten zu bewegen. Dort können Kinder fliegen, unter einem unablässigen Süßigkeitenregen tanzen und so lange aufbleiben, wie sie wollen. Doch auch Erwachsenen ist alles erlaubt in ihrer Phantasie, die mal eine Flucht aus der Wirklichkeit ermöglicht, als Tagtraum für ein wenig Entspannung sorgt oder im besten Fall der Inspiration dient.

Für Kinder und Erwachsene gleichermaßen ist die Phantasie eine Form von Gegenrealität, eine Scheinwelt, die sich vom wirklichen Leben darin unterscheidet, dass in ihr alles möglich und erlaubt ist, jedes Handeln folgenlos bleibt und alles so ist, wie wir es uns erfinden. Damit erfüllt die Phantasie eine wichtige Funktion in unserem Leben. Sie kann uns den Alltag erträglicher machen, uns neue Perspektiven und Möglichkeiten eröffnen. Sie kann uns beflügeln.

Mit Hilfe der unbewussten Variante unserer Phantasie – den Träumen – verarbeiten wir Erlebnisse, kompensieren Aggressionen, ordnen unsere Erfahrungen.

Kennen Sie Träume, in denen Sie einer drohenden Gefahr entkommen, indem Sie plötzlich abheben und davonfliegen? Oder solche, in denen Sie einen vermeintlichen Verfolger einfach in die Luft sprengen? Oder auf der angenehmen Seite, Träume, in denen Sie als strahlende Heldin oder umjubelter Sieger inmitten einer begeisterten Menschenmenge stehen?

Träume jedenfalls, in denen Sie Dinge erleben, die Ihnen in Wirklichkeit kaum zustoßen werden, worüber Sie manchmal sogar erleichtert sind?

Kinder nutzen den befreienden und beflügelnden Effekt von Phantasien und Träumen ganz bewusst und voller Vergnügen. Wir Erwachsenen sind da meistens viel befangener und phantasieloser, es sei denn, es geht um unsere sexuellen Phantasien.

Die gehören nämlich angeblich zu den häufigsten, mit denen sowohl Männer als auch Frauen aus ihrem Alltag flüchten hinein in eine Utopie der Wollust. Das kann mit einfachen Bildern beginnen, die ungefragt vor unserem inneren Auge erscheinen, über die genüssliche Vorstellung, unser attraktiver Gesprächspartner säße uns nackt und zu allem bereit gegenüber, bis hin zu ausgefeilten Masturbationsphantasien in allen Variationen. Doch so harmlos sich dieses erotische Alltagsphänomen auch anhört, nicht alle Menschen haben den unbefangenen Umgang mit ihren sexuellen Phantasien gelernt. Diejenigen, die sich ihrer eigenen Vorlieben und Neigungen bewusst sind, haben meist keine Probleme damit, sich sogar ungewöhnliche Phantasien einzugestehen. Damit einher geht meist auch ein relativ weitreichendes Verständnis für die Präferenzen anderer Menschen.

Wie funktioniert Pornographie?

Das vorangegangene Kapitel hat zunächst eine theoretische Annäherung an das Thema ermöglicht, um die verschiedenen

Perspektiven der Materie zu verdeutlichen. Dabei ging es vor allem um eine präzise Begriffsbestimmung und eine Sensibilisierung für die vielen kursierenden Vorurteile, die eine grundlegende Auseinandersetzung mit dem Phänomen Pornographie verhindern können. Die offensichtliche Unkenntnis der Inhalte und Darstellungsweisen pornographischer Materialien ist einer der Gründe, warum das gesamte Genre von vielen Kritikerinnen und Kritikern als ausschließlich frauenverachtend, Gewalt verherrlichend und damit als generell schädlich eingestuft wird. Dabei werden in den Diskussionen gern einzelne Fallbeispiele von durchaus vorhandenen qualitativ schlecht umgesetzten und besonders drastischen Filmausschnitten oder Fotos als mustergültig für das ganze Genre erklärt. Diese einseitige und scheinbare Beweisführung in Verbindung mit der Fehleinschätzung, Pornographie sei eine Dokumentation alltäglicher Sexualität, lässt alle Verteidigung und Befürwortung als unmoralisches Ignorantentum dastehen.

Tatsächlich ist aber das Spektrum des Pornographischen ebenso vielfältig wie die sexuellen Phantasien der Menschen, für die das Gleiche gilt wie für jeden anderen Tagtraum auch: Sie führen uns bewusst und gewollt in eine imaginäre Welt, die sich von unserem Alltagsleben deutlich unterscheidet. Pornographie zeigt uns damit also keine Dokumentationen von Alltags-Sex. Sie beschreibt und stellt alle nur denkbaren sexuellen Phantasien dar.

Wie unterschiedlich diese nun geartet und gestaltet sein können, sollen die nachfolgenden Beispiele zeigen. Für diejenigen, die bisher wenig oder gar keine Erfahrungen mit Pornographie gemacht haben, kann die Eindeutigkeit und Krassheit eines herkömmlichen pornographischen Films schockierend und abschreckend wirken. Denn der Porno bricht ganz gezielt

Tabus, indem er uns scheinbar reale Einblicke in die Intimsphäre anderer Menschen verschafft. Wir bekommen gespreizte Vaginas und After zu sehen. Überdimensionale Penisse bohren sich in alle Öffnungen und verspritzen ihr Sperma nach endlosen Akten mit unzähligen Stellungswechseln, bevorzugt auf die Gesichter der beteiligten Damen. Von den ungewöhnlichen Praktiken der pornographischen Sonderformen wollen wir an dieser Stelle besser noch schweigen.

Dennoch ist es weniger eine Frage des guten Geschmacks als ein Hinweis auf die unterschiedlichen Ausprägungen sexueller Phantasien, die sich in allen Abstufungen zwischen verblümten erotischen Berührungen und deftigem hartem Sex abspielen können. Genauso wie die unterschiedlichen Formen sexueller Phantasien variieren auch ihre pornographischen Darstellungen, die zwar immer ausdrücklich das Sexuelle beschreiben und darstellen, aber eben auch in unterschiedlichen sprachlichen und bildlichen Abstufungen.

Um auch ungeübten Leserinnen und Lesern eine vorsichtige Annäherung an die praktische Seite des Themas Pornographie zu ermöglichen, folgt hier zunächst ein dezentes, literarisches Beispiel:

Verabredung mit einem Unbekannten[21]

Isabelle erwachte seufzend aus einem süßen Nachmittagstraum. Sie hatte sich gerade den kundigen Händen eines unbekannten Mannes hingegeben. Doch kurz vor der Erfüllung erklang ein energisches Hämmern an der Tür, das der erotischen Begegnung ein vorzeitiges Ende bereitete. Sie schälte sich aus ihrem Laken, das die rei-

fen Rundungen ihres Körpers eher betonte als verdeckte. Mit zerzaustem Haar streifte sie sich ein kurzes Hemd über und öffnete die Tür. Es war heiß. Schweißperlen benetzten die Haut des jungenhaften Mannes, der in Shorts und Badelatschen vor ihr stand. Er wedelte mit einer Postkarte vor ihren Augen. Als sie danach griff, zog er sie weg und lächelte sie süffisant an. «Ihr heimlicher Verehrer legt sich aber mächtig ins Zeug. Jetzt will er Sie sogar treffen ...» Er grinste, versuchte, sie zu umarmen. Sie nutzte die Chance und entwandt ihm die Karte. «Und?», fuhr er unbeirrt fort, «werden Sie hingehen? Sie sollten lieber mit mir ausgehen, da wissen Sie wenigstens, was Sie bekommen. Aber Sie wollen ja lieber die Katze im Sack ...» Sie schob ihn mit der einen Hand energisch von sich, in der anderen hielt sie die Karte. Ihre Augen jagten über die Zeilen. «Das geht dich gar nichts an. Und bevor ich mit dir ausgehe, mußt du erst mal den Knigge auswendig lernen!»
Sie schloss die Tür direkt vor seiner Nase. Auf dem Weg durch die Wohnung las sie die Karte immer wieder ...
Im Bad angekommen, streifte ein zufriedenes Lächeln ihr Gesicht. Ihr strahlender Blick begegnete sich selbst im Spiegel, dessen Rahmen von unzähligen Postkarten gebildet wurde. Sie zupfte wahllos eine Karte heraus und ließ sich die Worte auf der Zunge zergehen.
«... als ich Ihnen das erste Mal auf der Straße begegnete, heftete sich mein Blick auf die Wölbungen Ihres Hinterns, dessen Backen mit jedem Schritt auf- und abwogten. An jenem Tag blieben Sie vor einem Schaufenster stehen und gaben mir Zeit, ihr Profil ausgiebig zu studieren ...» Eine andere Karte offenbarte die eindeutigen

Absichten des unbekannten Verehrers: «... das Verlangen, Sie zu besitzen, brennt in jeder Pore meines Leibes. Erhören Sie mich, und sei es aus Mitleid mit meiner verlorenen Seele, die an nichts anderes mehr zu denken vermag.» Dann las sie die letzte Karte noch einmal laut: «Madame, es ist Zeit für eine Entscheidung. Wie es um mich steht, habe ich Ihnen anvertraut. Wenn meine Worte Sie berührt, Sie erregt haben, dann stellen Sie sich Ihren Gelüsten. Sind Sie bereit, sich mir hinzugeben? Dann erwarte ich Sie heute um 18.00 Uhr an der Kastanie auf dem Rathausplatz.»
Isabelle steckte die Karte zu den anderen an den Spiegelrand, wie eine Trophäe, ohne besondere Bedeutung, und begann, die verschwitzten Spuren ihres nachmittäglichen Schlafs zu verwischen.
Erfrischt stand sie schließlich vor ihrem Schrank, griff nach einer Hose, hielt inne, dachte nach – und dann fällte sie eine Entscheidung ...
Ihre Wahl fiel auf ein graues, sehr enges Kostüm, dessen kurz geschnittener Rock vorn züchtig zugeknöpft, aber hinten mit einem frechen Schlitz lockte. Bei der Unterwäsche zögerte sie: Weiß war zu mädchenhaft, rot zu eindeutig und was sie an schwarzen Dessous besaß, ließ sie sehr unnahbar erscheinen. Letzteres schien ihr der Situation am angemessensten. Sollte er sie ruhig für spröde halten. Vielleicht trieb ihn das zu ungeahnten Fähigkeiten an.
Nach all den Schmeicheleien über ihre Weiblichkeit, die sanften Rundungen ihres Körpers, das begehrliche Kreisen ihrer Hüften, wenn sie lief und sogar über die vorwitzigen Sommersprossen auf ihrer Nase (wann war er

ihr je so nahe gekommen, daß er sie so genau betrachten konnte?), nach all den kleinen Andeutungen, die sie zwischen den Zeilen las, war sie sich völlig im klaren, dass er nur ihren Körper wollte.
Sie hatte sich dagegen gewehrt, die Vorstellung erregend zu finden, von einem fremden Mann berührt, entkleidet und verführt zu werden. Aber je länger sein Schweigen nach der letzten Karte dauerte, desto mehr ergriff die Phantasie einer hemmungslosen Nacht mit diesem Unbekannten von ihr Besitz. Ihr Körper schien förmlich ausgedörrt, nach einer leidenschaftlichen Umarmung zu lechzen. Wie lange hatte sie eigentlich schon keinen Sex mehr gehabt?
Der Fremde hatte mit seinen schmeichelhaften Bermerkungen eine Saite in ihr zum Klingen gebracht, die von Postkarte zu Postkarte eine erotischere Klangfarbe annahm. Sie fühlte sich so sinnlich, begehrt und übermütig, als hätte sie sich frisch verliebt.
So stand sie also vor dem Spiegel, sich eingehend betrachtend, und versuchte, die sich durch ein stetiges Kribbeln im Magen ankündigende Nervosität niederzukämpfen.
Bevor sie in das Kostüm hineinschlüpfte, prüfte sie noch einmal, ob sie die Vorzüge ihres vierzigjährigen Körpers voll zur Geltung gebracht hatte.
Der schwarze Slip mit breiter Spitzenborte betonte ihre schmale Taille ebenso wie ihre kräftigen langen Beine. Die kurze, durchgeknöpfte, sehr schlichte Corsage formte ihre Brüste zu zwei fast jugendlich hervorstehenden Hügeln, die sich unter einem etwas fleckigen Dekolleté hervorwölbten. Normalerweise hätte sie nun eine

Strumpfhose übergezogen. Doch diesen sonst praktischen Stilbruch erlaubte sie sich heute nicht. Sie griff entschlossen nach ein paar halterlosen Strümpfen, die zwar furchtbar unbequem, aber dafür unglaublich einladend waren.

Eine schwarze Chiffon-Bluse rundete ihr Erscheinungsbild ab und beendete die Sucherei in ihrem Kleiderschrank. Sie hatte eben noch Zeit für einen Bürstenstrich durch ihr halb langes Haar, und dann stand sie auch schon auf der Straße. Nichts vergessen? Schnell noch ein prüfender Blick in ihren Taschenspiegel: Ein Hauch Kajal und etwas Lippenstift verliehen ihr ein frisches Aussehen.

Sie war zufrieden mit sich. Würde es der Fremde auch sein?

Eine viertel Stunde später erreichte sie die Kastanie. Ihr schmerzten bereits die Füße, weil sie es nicht gewohnt war, auf Absätzen zu gehen. Doch für diesen besonderen Anlass genoss sie die Qual. Sie schaute gerade auf ihre Schuhspitzen, als der gezielte Griff durch den hinteren Schlitz ihres Rockes sie erstarren ließ. «Drehen Sie sich nicht um, und schließen Sie Ihre Augen!» Sie hatte den wohligen Bariton eines kräftigen Mannes erwartet und war nun etwas enttäuscht von der Stimme, die sie soeben angesprochen hatte. Während sie versuchte, sich zu der Stimme das passende Gesicht vorzustellen, gehorchte sie bereits der Anweisung. Die Hand ruhte nun nicht mehr zwischen ihren Beinen, sondern lag ruhig auf ihrer Schulter, um die Richtung zu weisen. Sie überließ sich dieser Hand und den Anweisungen der unbekannten, fast weichen Stimme: «Geradeaus. Vorsicht, zwei Stufen

abwärts. Jetzt nach links.» Plötzlich wurde sie zum Halten aufgefordert. Ihre Füße waren dankbar dafür. Sie hörte, wie sich klirrende Schlüssel unter Stoff bewegten, hörte das Öffnen einer Tür und folgte der Stimme in das Innere eines Hauses. Sie widerstand immer noch der Versuchung, die Augen zu öffnen und überließ die anderen Sinne der sie umfangenden Atmosphäre. Der frische Duft von Melissenöl hing in der Luft, die angenehme Wärme vermischte sich hin und wieder mit einem kühlen Luftzug. Irgendwo ließ ein offen stehendes Fenster die gedämpften Geräusche der Stadt herein.
Leise Schritte kamen auf sie zu, verharrten vor ihr. Eine Hand berührte ihre Augen. Die Stimme ihres Begleiters wiederholte noch einmal den Befehl, sie geschlossen zu halten. Einer kurzen Berührung ihrer Lippen durch einen sehr weichen Mund folgend, spürte sie ein Glas, das sich zwischen ihre Zähne schob und einen köstlichen Liqueur in sie ergoss. Sie trank fast gierig und leckte sich sogar die Lippen, ungeachtet der aufgetragenen Farbe. Doch als sie nach einem weiteren Schluck verlangte, legte sich ein Finger auf ihre Lippen und gebot ihr zu schweigen. Sie sollte ein paar Schritte in den Raum hineingehen, bis er sie an eine Treppe führte, die hinaufzusteigen er ihr gebot, zwölf Stufen. Auf der siebten Stufe bemerkte die Stimme: «Ich sehe, Sie tragen schwarze Wäsche und Strümpfe. Sie haben Geschmack bewiesen!» Sie freute sich über dieses Kompliment, das er so völlig emotionslos ausgesprochen hatte. Während sie die letzten Stufen nahm, bemerkte sie den Hauch der sie überholenden Person, gegen die sie auf dem Treppenabsatz stieß. Sie wich unwillkürlich zurück, wurde aber

sofort an den Händen gepackt und mitgezogen. Sie folgte gehorsam, überschritt eine Schwelle und betrat den Raum, der offensichtlich der Ursprung des Melissenduftes war. Hinter ihr fiel leise die Tür ins Schloss und sperrte die letzten Geräusche des Alltags aus. «Sie waren sehr folgsam!», bemerkte die Stimme dicht an ihrem Ohr. «Ich werde Ihre Augenlider etwas entlasten ...» Kühle Seide raschelte an ihrem Gesicht, legte sich über ihre geschlossenen Augen und wurde mit einem Knoten befestigt. Tatsächlich entspannte sie sich, da sie nun nicht mehr ihre Lider zusammenkneifen musste. Warum nur verbarg sich der Fremde so hartnäckig vor ihr. Was hatte er zu verstecken? Sie kam nicht mehr dazu, weiter darüber nachzudenken. Sie spürte die sanfte Berührung von Fingerspitzen an ihrem Hals, die langsam zu ihrem Dekolleté hinunterglitten, wo sie energisch die Jacke von ihren Schultern streiften und sich im gleichen Atemzug dem Aufknöpfen ihrer Bluse widmeten. Sie ließ es geschehen, versuchte, ein vages Unbehagen in ihrem Magen zu verdrängen und fühlte gleichzeitig, wie sich Erregung in ihre Beklommenheit mischte. Kaum dass die Bluse ihre Arme hinabgeglitten war, wurden ihre Hände hinter dem Rücken verschränkt und mit einem Lederband zusammengebunden. Wie in Trance nahm sie alles hin, was mit ihr geschah. Als die Hände des Fremden erneut unter ihren Rock griffen, diesmal, um das Höschen auszuziehen, fuhr ein Schauer über ihren Rücken, verdichtete sich in ihrem Unterleib zu einem wahren Wolkenbruch und ließ sie unwillkürlich die Schenkel öffnen. Der Fremde nutzte diesen Moment, um kurz über das krause Haar ihrer Scham zu streichen. Jedes einzelne Härchen richtete sich auf und jagte ihr eine Gänsehaut über den Rücken. Sie hätte am liebsten laut aufgeschrien und ihren Verführer angefleht, sie nicht länger in dieser Ungewissheit zu lassen. Würde er sie zärtlich nehmen oder hatte sie sich bei vollem Bewusstsein einem Mann mit perverser Phantasie ausgeliefert? Der Gedanke schoss durch ihren Kopf, dass niemand wusste, wo sie war, dass ihr somit niemand helfen konnte, sollte er sich als brutaler Schänder entlarven. Diese Horrorvision verschwand so schnell, wie sie gekommen war, als kundige Hände begannen, den Ansatz ihrer Brüste zu liebkosen. Kurze Fingernägel streiften den Rand des Bustiers, drangen spielerisch weiter vor, bis beide Hände ihre Brüste mit sanftem Druck umschlossen. Die Corsage verlor dabei an Halt, rutschte hinab und gab ihre üppigen Hügel frei. Die geschickten Hände konnten nun ungehindert das weiche Rund massieren, dessen Spitzen sich fordernd aufrichteten. Feste Lippen umschlossen diese unvermittelt und ließen sie wollüstig aufstöhnen. Sie geriet ins Schwanken, doch der Fremde fing sie auf und drückte sie fast grob in ein Fauteuil hinein, das nur für diesen Augenblick bereit gestanden hatte. Kaum bohrten sich ihre gebundenen Hände in den Rücken, beugte sie der Fremde leicht vor, löste die Fesseln, aber nur um sie an den Armlehnen des Sessels erneut in Leder zu binden. Sie ließ sich aufseufzend zurückfallen und wartete voller Spannung auf die weiteren Schritte ihres Meisters. In leiser Hoffnung, die nächste Berührung bestimmen zu können, spreizte sie ihre Knie, so weit es der Rock zuließ. Doch sie sollte sich hingeben, ihre Initiative war nicht erwünscht. Statt sich dem nunmehr feuchten Tor zu ihrem Innersten zu widmen, drang eine heiße Zunge zwischen ihre Lippen, während kräftige Hände ihren Kopf nach hinten drückten, sich in ihr Haar vergruben. Der Mund des Unbekannten umschloss den ihren, saugte sich an ihm fest, raubte ihr den Atem. Diese festen und doch so samtigen Lippen gaben sie kurz frei, sie rang nach Luft und erwiderte die nächste Berührung mit einer ihr bisher unbekannten Wildheit. Nur mühsam befreite sich die Zunge des Verführers von der ihren. Ein unterdrücktes Keuchen drang an ihr Ohr, seine Finger umfassten ihre Brustspitzen, zogen an ihnen, drückten sie wieder zurück in die Weichheit ihrer Hügel, ließen sie kreisen, um sie zart zu kneifen, bis sie sich dem Fremden rot und steil entgegenreckten. Sie zerrte an den Lederriemen, versuchte, sich zu befreien, um endlich die Gestalt vor ihr zu berühren, sie zu umfassen. Sie blieb der Begierde des Fremden ausgeliefert, musste sich seinem lüsternen Vordringen beugen. Sie gab es schließlich auf, dieses Spiel als Akteurin bestimmen zu wollen. Je willenloser sie sich dem Fremden überließ, desto stärker wurde ihr Verlangen, von ihm besessen zu werden. Ihr Körper bäumte sich unter jeder Berührung auf. «Nimm mich!», schrie es in ihr. «Befreie mich von dem Stoff auf meiner Haut!» Doch statt der Worte kam nur ein Stöhnen über ihre Lippen. Aufatmend nahm sie wahr, wie die Corsage aufgeknöpft wurde, die noch immer ihren Bauch bedeckte. Das saugende Lecken der Zunge, die langsam, fast behutsam zu ihrem Nabel hinabglitt, wischte den letzten aufkeimenden Zweifel fort. Sie war jetzt nur noch mit ihrem Rock, Strümpfen und Pumps bekleidet. Sie rieb ihre Schenkel aneinander und brachte das Nylon zum Knistern. Mit einer einzigen Bewegung wurde der Rock hochgeschoben und die schwarze Krause ihres Dreiecks enthüllt. Zwei Hände griffen nach ihr, spreizten die Beine. Im nächsten Moment drang die Zunge in sie ein, zog sich zurück und begann, die samtige Haut auf der Innenseite ihrer Schenkel zu liebkosen. Die Sanftheit dieses feuchten Werkzeugs wurde jäh von kleinen, immer fester werdenden Bissen in ihre Schenkel gebrochen. Die Hände packten nun ihren Hintern, hoben ihr Becken leicht an. Und wieder drang die Zunge in sie ein, spielte mit ihrem heißen Fleisch, leckte ihre Lippen, saugte an der Knospe, die sie verbargen. Sie schmolz der Zunge des Fremden entgegen, kreiste ihre Hüften zum wilden Rhythmus seines schlürfenden Mundes. Die Hände tasteten sich wieder ihren Körper hinauf, strichen über die Rippen und packten ihre Brüste, pressten sie zusammen, dass es beinahe schmerzte. Sie schrie leise auf, was der Fremde mit noch festerem Griff beantwortete. Der kurze Schmerz wurde überrollt von einer Flut harter Stöße der rauen Zunge gegen ihre Rosenknospe und dem Eindringen seiner Finger in ihre Möse. Sie spreizte ihre Schenkel, soweit es das Fauteuil zuließ, um dem Fremden ihr Innerstes preiszugeben. Er belohnte sie mit gleichmäßigem, festem Lecken und kurzen harten Stößen seiner Hand. Als sie den Sturm der Erlösung heranpeitschen fühlte, verharrte die Zunge, presste sich mit ganzer Kraft auf ihre triefende Grotte. Die Hände lockerten den Griff, umfassten wieder ihre Brustspitzen. Sie bäumte sich mit einem Schrei der Befreiung auf, während vulkanartige

Wellen durch ihren Körper jagten und glühende Lava in ihrem Unterleib sammelten. Sie brach mit einem letzten Stöhnen zusammen.

Während sie noch keuchend dalag, wurde der Knoten des Seidentuchs gelöst und ihre Augen befreit. Sie blinzelte, öffnete langsam die Lider und blickte in ein Paar grüne Mandelaugen, die sie unter langen Wimpern zärtlich ansahen. Eine fein geschnittene Nase und ein sinnlicher Mund vollendeten das ebenmäßige Gesicht der Frau, von der sie gerade verführt worden war.

Atmen Sie ein paar Mal tief durch und entspannen Sie sich, bevor Sie jetzt weiterlesen.

Hat Sie diese Geschichte erregt? Haben Sie sie vor Ihrem inneren Auge *gesehen*? Und haben Sie die Erzählung genossen?

Dann haben Sie gerade eine positive Erfahrung mit einer pornographischen Kurzgeschichte gemacht. Wenn Sie diese Erzählung bereits schockiert hat, Ihnen die Beschreibung zu krass war oder Sie merken, dass Ihnen dieses Thema langsam zu viel wird, dann sollten Sie dieses Kapitel überschlagen oder nur wohl dosiert weiterlesen, denn diese Darstellungsweise ist ein Beispiel für die dezenteste und verblümteste Form von Pornographie.

Sprachliche Abstufungen

Das Thema der Geschichte ist Hingabe und Verführung. Die Wortwahl ist voller Metaphern («Rosenknospe», «triefende

Grotte», «heißes Fleisch») und mit Ausnahme von «Möse» frei von umgangssprachlichen Ausdrücken. Vulgärsprachliche Bezeichnungen wie «ficken», «Titten» oder «Arsch» fehlen ganz.

Es gibt viele Frauen (und auch einige Männer), die diese dezente, literarische Form von Pornographie allen anderen Varianten vorziehen. Sie ist erotisch, weil sie mit Andeutungen spielt und viel Raum lässt für eigene Bilder und Phantasien. Dabei spielt die Verwendung von Metaphern eine große Rolle. Dadurch dass sexuelle Handlungen und Geschlechtsteile nur bildlich bezeichnet werden, wirkt der Text trotz der eindeutigen Handlung nicht obszön, sondern erotisch.

Wie deftig ein pornographischer Text sein darf, hängt aber meines Erachtens nicht nur von persönlichen Vorlieben und Geschmack ab, sondern verweist auch auf den sexuellen Entwicklungsstand und die jeweilige Tagesform der Konsumenten. So kann der Wachtraum an einem sommerlichen Tag im Grünen begleitet sein von erotischen, ganz und gar blumigen Bildern, während es bei einer deftigen Masturbationsphantasie hart zur Sache gehen kann. Und jemand, der seine sexuellen Phantasien und Vorlieben noch nicht erforscht hat, tastet sich vielleicht erst einmal ganz vorsichtig an das Thema heran. Eine andere Person, die sich ihres individuellen sexuellen «Strickmusters» bewusst ist, steigt dagegen bei Bedarf ganz zielstrebig in *ihre* Phantasie ein oder wählt sich das pornographische Material aus, das diese persönliche Vorliebe bedient. Bei dieser Wahl ist aber nicht nur der Inhalt entscheidend, sondern eben auch die Darstellungsweise.

Das folgende Beispiel stammt aus dem Buch «Amatista» von Alicia Steimberg. In dem mit dem spanischen Erotikpreis ausgezeichneten Roman erzählt die Autorin von der sexuellen Entwicklung eines Akademikers, der bei einer Señora Nachhilfeunterricht in der Kunst der formvollendeten sexuellen Praxis nimmt, wobei es dem Schüler vor allem darum geht zu lernen, seinen vorzeitigen Samenerguss zurückzuhalten. Zu diesem Zweck erzählt ihm die Señora Geschichten über die sexuellen Abenteuer von Amatista und ihrem Freund Pierre. Während des Erzählens darf der Doktor zwar Masturbieren, muss seine Ejakulation aber möglichst lange hinauszögern. In einer dieser Geschichten fordert Amatista Pierre dazu auf, ihr von einem seiner erotischen Erlebnisse zu berichten.[22]

> «Erzähl mir, was die Frauen mit dir machten, wenn dein Flugunterricht zu Ende war.»
> «Sie erwarteten mich in einem Raum, durch den ich jedesmal gehen mußte, und zwangen mich, sie zu befriedigen. Ungefähr zehn Frauen waren es, Mitschülerinnen und Angestellte, die von meinem erigierten Penis profitieren wollten. Ich mußte mich auf einem Sofa auf den Rücken legen, und während einige von ihnen mich festhielten, zogen mir die anderen Hose und Unterhose aus. Sie verschafften mir eine Erektion, indem sie mich masturbierten oder lutschten, und dann zog sich eine nach der anderen den Schlüpfer aus und ließ sich im Reitersitz auf mir nieder. Ich lernte, meinen Samen zurückzuhalten, um einer Bestrafung zu entgehen.»
> «Worin bestand die Strafe?» fragte Amatista.
> «Ich mußte eine nach der anderen masturbieren, und dann zwangen sie mich, mich in die Ecke zu stellen und zu masturbieren, bis ich wieder eine Erektion hatte.»
> «Und wenn es dir nicht gelang?»
> «Dann masturbierten und lutschten sie mich wieder abwechselnd.»

«Und wenn du dann endlich kamst?»
«Wenn ich die Ejakulation kommen fühlte, mußte ich ihnen Bescheid sagen, dann setzten sie sich im Halbkreis um mich herum auf den Boden, masturbierten und sahen zu, wie der Samen hervorschoß und über die Hand floß, mit der ich noch meinen Penis hielt.»
«Wir wollen uns mit dem Mund lieben, Pierre», schlug Amatista vor und legte sich mit gespreizten Beinen zurück.
Pierres Mund über Amatistas geöffneter Rose. Pierres Knie rechts und links von Amatistas Kopf. Pierres Lippen lutschen und saugen an den fleischigen Blütenblättern, an der Knospe. Der erigierte Penis schiebt sich in den gerundeten Mund Amatistas. Die warme, feuchte Rose hebt sich Pierre ein wenig entgegen, damit die Spitze der Zunge den Eingang der Vagina erreichen kann. Der Phallus kommt und geht in Amatistas Mund. Pierres Zunge wird weich, verläßt den Eingang der göttlichen Grotte, um die Klitoris zu lieben, die Klitoris erwidert die Liebe der Zunge. Amatistas Zunge, bebend wie der Flügel eines Schmetterlings, kaum berührt sie die Vorderseites des Phallus. Plötzlich gibt Pierre seine hockende Stellung auf und zwingt sie, sich bäuchlings auf das Bett zu legen. Ohne Vorwarnung rammt er seinen Phallus in Amatistas Arsch. Amatista entfährt ein Schrei. Ohne seine Stellung zu wechseln, umarmt Pierre Amatista von hinten, preßt ihre Brüste, streichelt ihr Bauch und Venushügel. Zum Schluß trennt er die Schamlippen ein wenig, drückt mit der Kuppe des Mittelfingers auf die Klitoris und beginnt mit einer kräftigen Massage. Amatista stöhnt und murmelt mit rauher Stimme:

«Oh, mein Geliebter! Oh ja, mein Geliebter, weiter so! Ach, Pierre, bleib da, nicht aufhören! Pierre, mein ein und alles ...»
«Ich bleibe bei dir, Amatista», murmelt Pierre, immer noch in ihr, während sein Finger mit schnellen Auf- und Abbewegungen ihre Knospe reibt.
Jetzt hinderte Amatista nichts mehr daran, zum Höhepunkt zu kommen, jedoch ihre Hand bremst Pierre.
«Jetzt sanft und nach innen, mein Geliebter.»
Pierres Finger schiebt sich tief in Amatistas Vagina, und er fühlt im benachbarten Gang seinen eigenen Penis. Langsam zieht er den Finger heraus und beginnt wieder mit der Reibung der Klitoris, erst sanft und dann schneller und heftiger.
«Oh, mein Geliebter», stöhnt Amatista mit ersterbender Stimme.
Pierres Hand hält still und bleibt liegen, und Amatista keucht im Rhythmus der sie überflutenden Wellen. Nachdem sie den Kamm der Woge erreicht hat, werden die Seufzer schwächer, bis sie verstummen.

Ähnlich wie das vorherige Beispiel verwendet auch dieser Text Metaphern wie «geöffnete Rose», «fleischige Blütenblätter» und «göttliche Grotte». Aber es gibt auch eine Reihe von deutlichen Ausdrücken der Fachsprache («Penis», «Vagina», «Klitoris») und der Umgangssprache («lutschen», «saugen», «Brüste», «Schamlippen»), die eine direkte Benennung des Sexuellen in den Vordergrund rücken. Darüber hinaus begegnen uns in diesem Text erstmals Vulgärausdrücke wie «rammen» und «Arsch». Insgesamt werden die hier dargestellten sexuellen Zusammenhänge detaillierter und direkter beschrieben als in dem ersten Textbeispiel. Dennoch betont auch dieser Ausschnitt eher den Bereich der Erotik als den der Pornographie. Die Schilderung bleibt distanziert und lässt den Leserinnen und Lesern ebenfalls die Möglichkeit, eigene Phantasien mit einzubeziehen.

Sehr viel deutlicher ist dagegen das folgende Beispiel aus dem Roman «Der Freund meines Sohnes» von Diana Raznovich, der ebenfalls mit dem spanischen Literaturpreis für Erotik bedacht wurde. Die Autorin beschreibt die hemmungslose Hingabe der reifen ehemals sittsamen Ehefrau eines hohen Offiziers an den siebzehnjährigen Freund ihres Sohnes. In der in der Öffentlichkeit ausgelebten Leidenschaft befreit sich die Heldin der Geschichte von ihrem sadistischen Ehemann und der von ihm repräsentierten bürgerlichen Doppelmoral.[23] Die nachfolgend zitierte Szene spielt sich im Aufzug eines Staatsgebäudes ab und beschreibt den Gruppensex zwischen der Heldin, ihrem jugendlichen Liebhaber und drei Beamtinnen, die sich zufällig in dem Fahrstuhl zusammengefunden haben.

> Die letzte Beamtin riß mir mit einem Ruck den Slip herunter und händigte ihn Peter aus, unterwürfig, zu allem bereit, wie eine Sklavin.
> Auf Peters Anordnung hin zog sie mir die Schuhe aus und leckte mir jeden Zeh einzeln. Dann wanderte ihre spitze Zunge höher und höher bis hinauf zu meiner triefenden Musch.
> Peter spreizte mit den Fingern meine Schamlippen und überreichte dem Mädchen mein Gemuschel wie eine offene Frucht. Er führte ihr gekonnt die Zunge. Sie trommelte auf meiner Kirsche, bis sie sich dick und glänzend aufrichtete, wie er sie am liebsten sieht.

Vom Zusehen, wie geschickt sie in mir schlemmte, bekam er eine bewunderungswürdige Latte, die er Hannelores halbgeöffneten Lippen hinhielt. Gleichzeitig rief er Helene zu, nicht nachzulassen, ihre Faust fester und kräftiger in seinem heißen Ofenrohr zu bewegen. Er empfand das als ganz außerordentlich geile Schändung und geriet vor Wonne schier außer sich.

In meinem tiefen, schleimigen Tal teilten sich unterdessen Peters Hand und Fräulein Glorias Mund die Arbeit. Ich spürte ihre harte Nase in meinem Pelz, fühlte, wie sie meinen Duft einsog. Ich spürte den scharfen Rand ihrer gefräßigen Zähne, mit denen sie mich heißhungrig bedrängte. Das Zusammenspiel ihrer festen, spitzen Zunge, ihrer harten Zähne und ihrer weichen, bebenden Lippen an meiner Möse brachte mich an den Rand des Wahnsinns und ließ mich heißer und heißer auf meinen Liebsten werden.

So waren wir schließlich alle ineinander verzapft. Unsere Energien entluden sich in gemeinsamem tierischem Stöhnen und Keuchen.

Reicht eure Phantasie aus für dieses Fest im altersschwachen Marmorpalast, vollbehangen mit Hämmern und Sicheln, der aus den Nähten zu platzen droht vor lauter Akten, die sich wiederum auf andere Akten beziehen und die eifrig über die Flure getragen werden, unter den Augen von Marx und Lenin auf Sockeln und Gemälden?

Könnt ihr euch diesen Aufzug in einem eurer Staatsgebäude vorstellen, ein Aufzug, in dem Titten schaukeln, in dem heiße Ärsche von winzigen Höschen kaum bedeckt werden, wo Finger in den richtigen Löchern

stecken und Kitzler von musikalischen Zungenschlägen zum Zucken gebracht werden?
Ist dieser Aufzug nicht der beste Ort für so ein Vergnügen?
Warum klammert ihr euch an schmuddelige Verschläge, die Pornoshops genannt werden? Ställe, in denen nichts zu finden ist, was mit dem wirklichen Leben auch nur das Geringste zu tun hätte? Die erste, die eine Reaktion zeigte, war Helene. Sie begann auf eine Art und Weise zu stöhnen, die wirklich nicht zu dieser überkorrekten Karrierefrau passen wollte. Sie spürte das Zucken in Peters Arsch und hatte keine Wahl mehr. Sie mußte sich mit der anderen freien Hand in die Hose fassen, wo sie es sich mit kreisendem Fingerdruck selber besorgte. Sie kam wie eine Wilde, schlug mit dem Kopf gegen die Tür und konnte gar nicht mehr aufhören zu schreien.
«Ja, ja, ja, verdammt, ja, ja, ja, ja, ja, ja, ja, das ist das Beste, was mir seit Jahren passiert ist ...!»
Hannelore wurde von diesem Ausbruch äußerster Lust ihrer Kollegin angesteckt. Sie bot mir nicht nur ihre Tittenknöpfchen, sondern versuchte, mir auch ihre offene, feuchte Musch hinzuhalten. Dafür mußte sie sich wie eine Tänzerin in der Taille biegen.
Meine Hände hatten in der Zwischenzeit Peters Prachthammer wieder übernommen, und ich beschäftigte mich mit besonderer Sorgfalt und Zärtlichkeit mit ihm. Ich walkte ihn rhythmisch zwischen den Fingern, was ihn in einen schwindelerregenden Rausch versetzte. Er mußte sich schließlich auf meiner Hüfte abstützen, um nicht die Kontrolle zu verlieren.
Das deutliche Schwellen von Peters Latte in meinen

Händen und die sauersüße Möse von Hannelore an meinem Mund erregten mich mehr und mehr, und ich konnte mir nicht vorstellen, zu welchen Gipfeln der Lust ich noch emporsteigen würde. Mein Gesicht glühte. Ich floß über in Glorias Mund, die mit größtem Genuß aus mir trank, ohne mich jedoch zum Ende zu bringen. Sie hatte keine Eile, ihr Glück zu verkürzen.

Es war schließlich Peter, der dies tat. Er beschloß, in mir zu kommen. Als ich mich zurückbog, um sein Sperma bis in den tiefsten Tiefen in mir zu spüren, als ich gleichzeitig Zungen spürte, Muschis schmeckte, durchfuhr mich die Erschütterung eines so gewaltigen Orgasmus, daß sich die Energie in alle unsere Körper übertrug, sich fortsetzte und potenzierte und wir wie ein Kammerquintett beim rauschenden Schlußakkord einen ekstatischen Höhepunkt feierten.

Das rasselnde Keuchen penetrierter Körper, gemeinsames Beben und Zittern, die Vibrationen dieses kunstvollen Räderwerks aus Körpern, Mündern und Händen brachte den Aufzug derartig zum Wackeln, als würde er von einem Erdbeben geschüttelt.

Die Tatsache, daß wir gemeinsam gekommen waren, vereinte uns so stark, daß wir uns wie Verliebte die nassen Schlitze streichelten, uns gegenseitig an den Fingern saugten, uns zärtlich die Gesichter beleckten, bis die Euphorie gestillt war, die uns alle ergriffen hatte.

Dieses Textbeispiel unterscheidet sich deutlich von den ersten beiden. Die Autorin spielt mit allen sprachlichen Variationen zwischen Metaphern, fach-, umgangs- und vulgärsprachlichen Ausdrücken. Und sie arbeitet mit einem pornographischen

Stilmittel, das bereits in Alicia Steimbergs Textausschnitt angedeutet wurde, nämlich den Handlungsanweisungen und der Darstellung von Empfindungslauten.

> «Oh, mein Geliebter! Oh ja, mein Geliebter, weiter so! Ach, Pierre, bleib da, nicht aufhören! Pierre, mein ein und alles ...»
> «Ja, ja, ja, verdammt, ja, ja, ja, ja, ja, ja, ja, das ist das Beste, was mir seit Jahren passiert ist ...!»

Mit diesen sprachlichen Tricks erreichen die pornographischen Darstellungen zweierlei. Zum einen wird der Rezipient (Leserin/Leser, Betrachterin/Betrachter) unmittelbar in das Geschehen mit einbezogen. Die Handlungsaufforderungen richten sich nämlich indirekt auch an die Konsumentin, den Konsumenten. Zu einem großen Teil beruht darauf die erregende Wirkung von Pornographie. Zum anderen nähern sich bei der Darstellung von Empfindungslauten wie «Aah, mmmhh, jaa ... so ist es gut ...!» Erzählzeit (Dauer des Erzählens, Textlänge) und erzählte Zeit (im Text beschriebener Zeitablauf) einander an, sodass die Unmittelbarkeit des Geschehens noch einmal gesteigert und damit wirkungsvoller umgesetzt wird. Warum diese Elemente für pornographische Darstellungen so wichtig sind, hatte Werner Faulstich in seinem bereits erwähnten, bemerkenswerten Buch «Die Kultur der Pornografie» im Einzelnen untersucht.[24] Er kam dabei zu dem Schluss, dass die Wirkung eines pornographischen Textes von dem Anteil sexueller Darstellung und der Verwendung sprachlicher Tabuverletzungen (Verbalerotik) abhänge. Das heißt, je mehr eindeutige sexuelle Darstellungen und Ausdrücke ein Text enthält, desto größer ist seine Wirkung auf die

Konsumenten. Wie das funktioniert, zeigt das folgende Beispiel.

> «Jaaa ..., das ist es, was ich will ... komm, Baby ... spreiz deine Schenkel! Jaaa ... ganz weit ... komm ... mach dich ganz weit ... jaaah ... damit meine Zunge dich ficken kann ...»
> «Ooohh ... aaaah ... jaaa ... du machst das so gut! .... Mmmmhhh ... komm, schieb mir noch 'nen Finger rein ... Ah! ... Jaaaaach ... tiefer ... fick' mich ... aaaahhh ...»
> «Du geiles Stück ... ich will dich ficken! ... mit meinem harten Schwanz ... jaaa ... komm ... dreh dich um! ... ich ramm' ihn dir von hinten rein! ... ooohhh ... diese ... geile ... nasse ... Möse ... ich fick' dich durch ... jaaaaaaaah ...»
> «... fester ... jaaaach ... fester ... ich ... ooooohhh ... gleich ... aaaaaahhhh ... ich ... komme!!!»
> «Jaaa ... ich auch ... jetzt ... JETZT!!!»

Diese Textform ist die unmittelbarste Weise, einen Akt sprachlich darzustellen. Die vielen Punkte deuten einen Zeitverlauf an, der nahezu identisch ist mit dem im Text beschriebenen Handlungsablauf (Erzählzeit = erzählte Zeit). Hinzu kommen die eindeutigen Anweisungen, das Seufzen und Stöhnen und die Vulgärausdrücke, die die Szene deutlich veranschaulichen. Diese Darstellungsweise findet sich häufiger in der am männlichen Geschmack orientierten Mainstream-Pornographie als in der Frauenpornographie. In solch einer Erzählweise bleibt weniger Raum für die persönliche Ausgestaltung der Phantasie. Der Vorteil dieser direkten und detaillierten Darstellungsform ist stattdessen, dass sich Leserin und Leser ganz unmittelbar der eigenen sexuellen Erregung und möglicherweise auch der Masturbation hingeben können.

Bildliche Abstufungen des Pornographischen

In den bildlichen Umsetzungen von sexuellen Phantasien gibt es vergleichbare Abstufungen in der Deutlichkeit wie in den oben zitierten literarischen Beispielen. So reichen die Darstellungen in Comics, Fotos und Videos von bildlichen Andeutungen, die einen atmosphärisch-sinnlichen Rahmen schaffen sollen (Abb. 8) über die visuelle Distanz durch die Verwendung einer Betrachterperspektive, die den sexuellen Akt zwar erkennen lässt, ohne dass aber die Genitalien detailliert sichtbar sind. Die deutlichste Darstellungsweise endet schließlich mit

Abb. 7

MMHH...

der Abbildung der sexuellen Handlungen und Genitalien in Nah-, Groß- und Detailaufnahmen. Je dichter der Betrachter, die Betrachterin also an das Geschehen herankommt, desto krasser ist die Darstellungsweise.

Im Gegensatz zu der allgemeinen Vorstellung von der durchgängig krassen – und damit vor allem für die Kritikerinnen und Kritiker obszönen – Darstellungsweise in der Pornographie, bestehen selbst die bildlichen Produkte zu einem überwiegenden Anteil aus allgemeinen Handlungsabläufen, erotischen und sexuellen Andeutungen und distanzierten und verblümten Abbildungsweisen. Der Anteil der sexuellen Präsenz, also der deutlichen sprachlichen und bildlichen Darstellungen von sexuellen Akten und Genitalien liegt bei allen pornographischen Materialien bei maximal 25 bis 30 Prozent.[25]

Frauenpornographie oder: Die neue Lust der Frauen

Die vorangegangenen Seiten sollten einen ersten Überblick über die verschiedenen Inhalte und Darstellungsweisen der Pornographie vermitteln. Dabei lässt sich zunächst einmal feststellen, dass Pornographie ein weitaus größeres gestalterisches Spektrum umfasst als die im Sprachgebrauch übliche Gleichsetzung des Begriffs mit den bildlichen Darstellungen oder sogar seine Reduktion auf Porno-Videos. Das Genre umfasst eben auch den großen Bereich der literarisch verfassten Phantasien.

Darüber hinaus widersprechen die obigen Beispiele einem weiteren Vorurteil gegen Pornographie, die von vielen als ein rein männliches Phänomen verstanden wird.

Linke Seite: Abb. 8

Die bisher zitierten Texte und Abbildungen stammen ausschließlich von Autorinnen!

Ohne die aufwendige Beweisführung einer Doktorarbeit vorlegen zu wollen, bestätigen diese pornographischen Proben bereits zweierlei: Zum einen produzieren und konsumieren auch Frauen Pornographie. Und zum anderen wird deutlich, dass sich die Inhalte von Frauen- und Männerphantasien nur unwesentlich voneinander unterscheiden. Die grundsätzlichen Bestandteile wie Stellungswechsel, Rollenspiele, Orgien, S/M-Inszenierungen etc. finden sich in allen pornographischen Darstellungen und sind unabhängig vom Geschlecht der Zielgruppe oder seiner sexuellen Ausprägung wie Hetero-, Homo- oder Bisexualität. Bei der Auswahl sexueller Phantasien oder pornographischer Materialien sind dagegen eher individuelle Prägungen und persönlicher Geschmack entscheidend. Darüber hinaus kann lediglich eine besondere Vorliebe des männlichen Publikums für Fellatio und des weiblichen für Cunnilingus festgestellt werden. Gemeinsam haben beide also wieder die Präferenz der oralen Verwöhnung.

Dennoch ist es so, dass es auch Unterschiede zwischen einer Pornographie für Frauen und einer solchen für ein überwiegend männliches Publikum gibt. Hierbei handelt es sich aber eher um ästhetische als um inhaltliche Differenzen. So hat die umfangreiche Untersuchung pornographischer Produkte ergeben, dass die bisher auf dem bundesdeutschen Markt erhältliche Pornographie von Frauen für Frauen durch eine dezente, verhaltene Darstellungsweise gekennzeichnet wird, die besonders den Handlungsrahmen der sexuellen Phantasien betont. Die Autorinnen dieser Produkte arbeiten vorwiegend mit assoziativen Elementen. Sie verwenden sprachliche und bildliche Umschreibungen, um den persönlichen Phantasien besonders der Konsumentinnen mehr Raum zu gewähren. Dementsprechend überwiegen die literarischen Darstellungen, also Romane und Kurzgeschichten, vor den bildlichen Umsetzungen.

Mainstream-Pornographie

Die herkömmliche Pornographie, die sich hauptsächlich an ein männliches Publikum richtet, verwendet dagegen eine krassere Darstellungsweise, die sehr viel eindeutiger und detaillierter ist. Hier werden die sexuellen Inhalte betont; die Genitalien und der sexuelle Akt selbst stehen im Vordergrund; die Konsumenten und Konsumentinnen werden hier direkt in das Geschehen einbezogen; für eigene Bilder wird kaum Raum gelassen. Übereinstimmend überwiegen in der Mainstream-Pornographie die bildlichen Darstellungen, also Fotos und (Video-)Filme. Wie aber sieht nun die krassere Darstellungsweise männlicher Phantasien aus?

> Ich trat ganz dicht hinter sie, schob ihren Rock hoch und streichelte ihren Hintern und ihre Schenkel. Sie lehnte sich nach vorne, streckte mir ihre großen Backen entgegen und stellte ihre Beine etwas weiter auseinander, damit ich besseren Zugang bekam. Dabei sprachen wir kein Wort, nur unser erregter Atem war hörbar. Ich zog meine Hose aus und stand nun mit erigiertem Penis hinter ihr. Doch vor dem Eindringen wollte ich sie erst mit meinen Händen und meiner Zunge verwöhnen. Ich kniete mich hinter sie und befand mich nun genau vor

ihrer geschwollenen Spalte. Mit beiden Händen zog ich ihre Backen auseinander und glitt mit meiner Zunge zwischen ihre Schamlippen. Ihre Möse war sehr feucht, und bei der ersten Berührung durch meine Zunge stöhnte sie laut auf und klammerte sich ans Fensterbrett. Gleichzeitig schob ich meine Hand an ihren linken Schenkel, an welchem ihre Liebessäfte runterliefen, nach oben und massierte ihren Kitzler. Krampfhaftes und abgehacktes, lautes Stöhnen verrieten ihren ersten Orgasmus. Erst jetzt richtete ich mich wieder auf und schob ganz langsam meinen steifen Penis zwischen ihre Schamlippen. Bereits beim Eindringen in ihre nasse Lustspalte umklammerten ihre Mösenmuskel meinen Penis und massierten ihn zärtlich. Ich mußte mich stark zusammenreißen, um nicht sofort abzuspritzen. Nachdem sie erneut von einem heftigen Orgasmus geschüttelt wurde und laut aufstöhnte, drehte sie sich um und kniete sich vor mir hin. Sie nahm meinen feuchten, harten Penis zärtlich in ihre Hände, massierte ihn liebevoll und nahm ihn dann in den Mund! Während sie meinen Penis mit ihren Lippen umschloß, in ihren Mund raus- und reingleiten ließ, streichelte sie meine Eier! Nach einer – wie mir schien – kleinen Ewigkeit, beendete sie dann diese Prozedur und führte mich zu einem Stuhl, auf den ich mich hinsetzen sollte.

Während ich mit meinem steifen Penis dort saß, zog sie ihr Kleid aus und stand nur noch mit den Strapsen bekleidet nackt vor mir! Ihre schweren, vollen Brüste hatten einen großen Warzenhof, und ihre aufgeschwollene Möse war stark behaart! Sie kam nun über mich und führte sich meinen Schwanz ein. Während sie mich ritt, massierte und leckte ich ihre Brüste. Gleichzeitig explodierten wir, und ich verströmte mich in sie.

Andreas Hübner beschreibt in der Geschichte «Einkaufsbummel»[26] die Phantasie eines Mannes, der von einer Unbekannten verführt wird, nachdem er ihr den Einkauf nach Hause getragen hat.

Beim ersten Durchlesen unterscheidet sich diese Kurzgeschichte wenig von den oben zitierten Werken von Frauen; und tatsächlich gehört dieser Text zu den dezentesten Beispielen von Mainstream-Pornographie. Der nähere Vergleich offenbart dann allerdings doch einen bezeichnenden Unterschied.

In der von Hübner beschriebenen Phantasie stehen die sexuellen Handlungen im Vordergrund. Die Hauptpersonen *haben* Sex, anstatt darüber *nachzudenken*. Dieser Gradlinigkeit entspricht die eindeutige Wortwahl (Möse, Penis, Schwanz, Kitzler etc.), obwohl der Autor weitgehend auf die Verwendung vulgärsprachlicher Ausdrücke verzichtet. Aber vor allem wird die Beschreibung des sexuellen Aktes nicht durch Reflexionen, innere Monologe, Fragen oder Lebensweisheiten unterbrochen wie so häufig in der Frauenpornographie. Hier noch einmal einige Beispiele:

«Reicht eure Phantasie aus für dieses Fest im altersschwachen Marmorpalast [...]?» (Diana Raznovich, 1992)
«Ich möchte gern meine Socken ausziehen», wünschte Elvira leise.
«Zwar verbot Elvira ihrer Möse, sich zu weiten, aber sie zeigte offensichtlich nicht genügend Strenge. Manche Menschen verfügen über natürliche Autorität, manche

können sich abstrampeln, wie sie wollen. Elviras Möse war ungezogen und führte ein von Elvira losgelöste Eigenleben.» (Regina Nössler, 1996)
«Ich kniete mich einen Augenblick neben ihn, auf den Teppich, direkt da drüben übrigens» – Chantal zeigte auf die weiße Teppichstelle zwischen Zebrasessel und Eßtisch, und drei Augenpaare folgten ihrer Hand –, «und küßte ihn auf Hals und Rücken.» (Linda Jaivin, 1997)

Solche retardierenden, also verzögernden Momente sind in der herkömmlichen Pornographie selten. Wenn es einmal zur Sache geht, dann soll der Konsument auch ungehindert zum Ziel kommen können. So verwundert es auch nicht, dass die sprachliche oder bildliche Darstellungsweise ebenso geradlinig ist wie der Handlungsverlauf.

Rosita sitzt auf einem französischen Eisenbett und raucht einen Zigarillo. Sie sieht genauso aus wie vorhin, als sie aus dem Raum lief ... sie atmet immer noch rasch... «Ich dachte mir, daß du kämst», sagt sie. Dann fügt sie hinzu: «Ich hoffte, daß du kämst ...»
Wahrscheinlich hören alle ihre Kunden denselben Spruch ... das macht nichts. Ich sehe sie mir an und greife nach ihrer Feige. Sie lacht und wirft den Zigarillo weg. Ihr Bauch fühlt sich heiß und ein wenig verschwitzt an.
Während ich mich ausziehe, erinnern mich ihre Augen an die der Männer, die sie beobachteten, als sie tanzte. Sie schaut auf John Thursday, als würde sie ihm gern den Kopf abbeißen ... sie ist geil, kein Zweifel ...

«Schau!» sagt sie. Sie spreizt die Beine und läßt mich in ihre Spalte blicken. Zwischen ihren Schenkeln ist es feucht; ein kleiner Fluß geht von ihrer Möse aus. Sie legt sich in meinen Armen zurück, während ich sie befummle ... plötzlich stechen ihre Zähne in meinen Arm wie heiße Nadeln.

Ich kann ihr geben, was sie möchte ... sie greift nach meinen Eiern und reibt sich ihre Titten an meiner Brust, dann packen ihre Finger meinen Schwanz am Hals, sie zieht an John Thursdays Bart und krault sein Kinn. Als sie merkt, wie hart er ist, gibt sie einen weichen zufriedenen Laut von sich, wie eine Katze. Als ich sie auf Herz und Nieren prüfe, stößt sie ihre Zehen ins Bett ... die Laken schieben sich zusammen, werden zu harten Klumpen unter uns ... Rosita drückt meine Schenkel zwischen ihren Beinen und reibt ihren Busch und ihre Möse an mir ... reibt sich an meinem Bein, und ihr haariger Bauch kitzelt meine Hüfte.

Ich zerre sie vom Bett und lasse sie in die Knie gehen, genauso wie auf dem Höhepunkt ihres Tanzes. Sie blickt zu mir auf. Sie weiß, was ich will ... Mein Pimmel zittert vor ihr... sie legt ihre Hände auf meine Knie und beugt sich vor... sie nimmt meinen Schwanz in ihren Mund und leckt, sie wartet darauf, von mir nach hinten gezwungen zu werden.[27]

In diesem Ausschnitt seines Werkes «Opus Pistorum» beschreibt Henry Miller die Begegnung mit einer Flamenco-Tänzerin. Nachdem Rosita bei einer privaten Vorstellung die anwesenden etwa zwanzig Männer fast um den Verstand getanzt hat, empfängt sie den Protagonisten in einem Hotelzimmer, wo sie nach den Vorführungen als Hure arbeitet. In seiner Erzählung verwendet Miller die üblichen Stilmittel der literarischen Pornographie wie sprachliche Tabuverletzungen und Auslassungszeichen. Auch in dieser Episode geht es um Dominanz und Unterwerfung. In seiner Wortwahl bedient sich Miller hauptsächlich der Umgangs- und Vulgärsprache und verzichtet mit Ausnahme von «John Thursday» völlig auf die verbrämende Wirkung von Metaphern. Dabei verstärkt das Wortspiel um den «durstigen Johannes» (John thursty) eher den Eindruck von den gierigen männlichen Trieben als diese zu beschönigen. Im Gegensatz zu den bisherigen Beispielen taucht in dieser Geschichte das erste Mal das Motiv der Frau als Hure auf, die erobert und genommen werden will.

> Lach jetzt, du Hure! Versuch, mit diesem Schwanz in deinem Mund zu lachen! Versuch, dein Lachen aus den Mundwinkeln hervorquellen zu lassen, direkt in meinen Busch, es wird sich in den Borsten verfangen ... ich werde dir dein Lachen hinunterdrücken, deinen Bauch damit anfüllen und es aus deinem Arsch holen ... ich werde aus deinem Lachen ein Sabbern machen, und wenn es mir gekommen ist, wird dein Lachen in meinem Sperma ersticken ... wenn du kicherst werden kleine Spritzer meines Safts aus deinen Ohren spritzen ... und statt des herzhaften Lachens wirst du Tränen aus Sperma haben... die dir von der Nase tropfen ...
> Rositas aufgestützte Arme geben meinem Druck nach ... sie spreizt die Beine und läßt sich nach hinten fallen, bis ihr Haar den Boden berührt. Ich knie und halte meinen Schwanz in ihren Mund, und sie saugt und gräbt ihre Finger in meine Hüfte. Ich spüre, wie sich ihr Bauch un-

ter meinem Hintern beugt und senkt. Ich kneife sie in die Brüste und lasse sie den Speichel von meinen Eiern lecken ...
Sie kann meinen Saft nicht schlucken! Ihr Kopf ist zu tief und es würgt sie, als sie es versucht ... aber ich halte sie, ich halte meinen Schwanz in ihren Mund, bis sich alles wieder beruhigt hat, und dann merke ich, daß sie mir immer noch davon saugt. Sie hat nicht aufgehört, nicht für einen Augenblick, und sie hat den Mund voll Sperma, das sie nicht schlucken kann.[28]
Ich hebe sie hoch, lege einen Arm um sie und streife ihr mit meiner Hand durch das Haar. Sie schüttelt den Kopf ... sie will es nicht schlucken. Sie dreht sich von mir ab, und wir raufen einige Augenblicke auf dem Teppich. Plötzlich lacht sie und öffnet ihren Mund, um mir zu zeigen, daß es nicht mehr da ist.

Diesem Auftakt folgen noch weitere Akte, in deren Verlauf Rosita mehrmals befriedigt wird, bis sie schließlich, süchtig nach diesem *einen* Schwanz, darum bettelt, er möge bleiben.

... sie kommt, jault sie... ich sauge an ihren Titten ... ich habe einen ausbrechenden Vulkan unter mir.
[...]
Als ich komme, ist es mir, als würde sich das Zimmer um mich herum einige Male überschlagen. Es erwischt mich schwer in der Magengrube. Alles ist verzerrt, aber ich höre Rosita gurren ... es hat auch sie erwischt.
Ein verrücktes Weib ... sobald ich von ihr lasse, wirft sie sich bäuchlings auf den Boden ... küßt meine Füße und knabbert an meinen Zehen ... ich muß bleiben, sagt

> sie ... ich kann nicht einfach gehen und so einen wunderbaren Schwanz aus ihrem Leben nehmen. Sie will, daß ich die ganze Nacht bleibe ... die ganze Woche ... es koste nichts.[29]

Eine ganze Reihe der üblichen Mythen der Mainstream-Pornographie sind in diesem Text vorhanden:

- die unersättliche Frau, die sich als Hure anbietet,
- die nimmermüde männliche Potenz,
- die willige Frau, die genommen werden will,
- der einzigartige Phallus, der allein die Unersättlichkeit der Frau befriedigen kann,
- das Sperma als Zeichen männlicher Dominanz, das als letzter Akt der Unterwerfung geschluckt wird,
- und schließlich der gemeinsame Orgasmus.

Aber wird Pornographie durch diese wiederkehrenden Elemente zu einem patriarchalen Instrument zur Unterdrückung der Frau?

Bleiben wir zunächst beim obigen Beispiel. Rositas Lachen ist das Sinnbild für ihre Dominanz über die sie angeifernden Männer, die während ihres wilden, obszönen Tanzes zu einer animalischen Meute werden.

> Und diese Hure kann dann noch lachen! Sie schüttelt sich vor hohem, verächtlichem Lachen, läßt ihren Körper nach hinten fallen, spreizt ihre Knie weiter und zeigt ihre Möse ... der Raum erfüllt sich mit bösem Knurren. Rositas Lachen übertönt wie eine hysterische Flut das dumpfe Keuchen, das ihr entgegenschwillt ...[30]

Trotz der männlichen Übermacht bleibt Rosita Herrin der Lage. Ihr Lachen ist verächtlich und übertönt das Keuchen der Männer. In dieser Männerphantasie ist Rosita keineswegs ein willenloses Opfer. Ihr Körper ist das Objekt der Begierde, aber er bleibt unerreichbar. Genau diese Überlegenheit versucht der Protagonist später mit seinem Sperma zu ersticken. Er will sie bezwingen, für seinen Sieg muss sie sein Ejakulat schlucken. Doch schließlich ist sie wieder diejenige, die lacht, die befriedigt wird und die mehr fordert.

Tatsächlich geht es hier also keinesfalls um die einseitige Darstellung männlicher Gewalt über eine Frau. Vielmehr erzählt die Geschichte von dem Wechselspiel von Dominanz und Unterwerfung zwischen den beiden Hauptpersonen. Der Protagonist protzt mit seiner Potenz, die schließlich nicht der gewalttätigen Unterwerfung der Frau dient, sondern ihrer Befriedigung.

An diesem Beispiel wird das grundsätzliche Strickmuster herkömmlicher pornographischer Darstellungen deutlich:

Der potenzstrotzende Mann begegnet der willigen und sexhungrigen Frau mit dem Ziel der beiderseitigen Befriedigung. In der utopischen Welt der Männerphantasien kann ER also immer, und SIE will immer. Wie in dem obigen Paradebeispiel folgt der überwiegende Teil der Mainstream-Pornographie genau diesem Muster, wobei eine besondere Betonung auf der weiblichen Lust liegt. Es geht nicht darum, die weibliche Lust zu unterwerfen, sondern sie zu befriedigen. Die Frauen fordern und die Männer geben ihnen, was sie verlangen. Dass die Frauen natürlich genau das einfordern, was die Männer ihnen zu erfüllen bereit sind, ist eben die Utopie der männlichen Phantasie. Zur Erinnerung: Pornographie zeigt eine Phantasiewelt der unbegrenzten sexuellen Möglichkeiten.

Ich hoffe, dass die meisten Leserinnen und Leser bis hierher darin übereinstimmen, die sprachlichen und inhaltlichen Tabuverletzungen der obigen Beispiele als zumutbar und sogar harmlos zu bewerten. Die zitierten Texte beschreiben sexuelle Phantasien und keine drastischen Ungeheuerlichkeiten.

Umso erstaunlicher mag für viele die Tatsache sein, dass sich etwa zwei Drittel aller pornographischen Produkte im Rahmen der oben vorgestellten Bandbreite von sexuellen Inhalten bewegen. Das gilt auch für die bildlichen Darstellungen der Fotomagazine und Videofilme. Der größte Teil der pornographischen Produkte variiert die herkömmliche Bandbreite von Stellungen in Verbindung mit Rollenspielen, die auf dem immer gleichen Prinzip der wechselseitigen Hingabe und Verführung beruhen.

Das höchste Maß an Tabuverletzungen stellt in diesem überwiegenden Teil der Pornographie die Verwendung vulgärsprachlicher Ausdrücke (Verbalerotik) dar. So wird zum Beispiel das Video «Luder» von Karl Berg[31] mit folgendem Covertext angekündigt:

> **Sonja,**
> *juckt die Rosette. Sie braucht*
> *dringend eine Darmfüllung, nach erfolgreichem*
> *Schließmuskel-Training wird*
> *sie reichlich eingesaut.*

Tanja,
liebt's deftig. Schamlippen-Spreizung mit saftigem Faust-Fick bringt die Mega-Fotze zum Kochen.

Gabi,
die läufige Hündin, steht auf Doppel-Decker. 2 Kolben in den Saft-Löchern, ein Lümmel im Schmatz-Maul – bei wie die Schlampe wimmert.

Rita,
die kleine Dreck-Sau, ist durstig. Leidenschaftlich lutscht sie steife Riemen. Nach doppeltem Abspritzen schlürft sie die heiße Ficksahne.

Die in der Pornographie verwendeten Abstufungen von sprachlichen Tabuverletzungen reichen von blumigen Metaphern (fleischige Rosenblätter), Fachsprache (Penis, Vagina), Umgangssprache (Scheide, Pimmel) bis zur Vulgärsprache (ficken, Fotze). Der obige Text gehört somit zu den krassen Beispielen für die Verwendung des verbalen Tabubruchs als pornographisches Stilmittel.

Auch bei den visuellen Produkten (Comics, Fotos, Videos,

Film) gibt es eine entsprechende Steigerung in der Darstellungsweise, an der sich der Grad des Tabubruchs ablesen lässt. Je näher der gezeigte Akt und die beteiligten Geschlechtsteile an den Betrachter/die Betrachterin herangerückt werden, je detaillierter die Abbildung ist, desto eindeutiger und krasser ist die Darstellungsweise.

Die deutlichsten stilistischen Tabuverletzungen sind also die vulgärsprachlichen Ausdrücke und die Verwendung von Nah- und Detailaufnahmen. Weil Sprache und Bildästhetik aber vulgär und obszön sein können, liegt die Vermutung nahe, dass auch die dargestellten Inhalte skandalös seien.

Nehmen wir als Beispiel den oben zitierten Covertext. Hinter der vulgären Sprache verbirgt sich die Ankündigung folgender sexueller Variationen:

1. Analverkehr mit Sonja.
2. Die Penetration von Tanjas Vagina mit der Hand.
3. Die zweifache Penetration von Gabi sowohl vaginal als auch anal.
4. Oralverkehr mit Rita und anschließendes Auflecken des Ejakulats.

Dargestellt werden also die üblichen Stellungen «vaginal», «anal» und «oral». Der überwiegende Teil aller pornographischen Darstellungen zeigt diese Standards. Obwohl bislang keine wissenschaftlich belegte Erfassung der prozentualen Anteile vorliegt, wird diese Einschätzung sowohl durch die diesem Text zugrunde liegende Recherche als auch durch eingehende Befragungen von Videothekaren bestätigt und entspricht damit den Erhebungen von Werner Faulstich: «Der ‹genitale Koitus›, in einer begrenzten Anzahl bevorzugter Stellungen, stellt das Standardmotiv des Hardcore-Pornofilms dar und findet sich in über 95 Prozent aller Pornos.»[32] Die weiteren sexuellen Praktiken wie «oral, «anal» und seltener auch die erwähnte Penetration mit der Hand (fist fuck) und der «Doppeldecker» gelten ebenfalls als übliche Variationen, die das Standardmotiv ergänzen. Auch diese Spielformen sind geschlechtsunabhängig und finden sich in der lesbischen Pornographie (z. B. Frau Elstermeier in «Wie Elvira ihre Sexkrise verlor») genauso wie in der heterosexuellen Pornographie von Frauen (Die Fahrstuhlszene in «Der Freund meines Sohnes») und der schwulen Pornographie (in den meisten Filmen von «cazzo-film»).

Neben der viel bemühten Behauptung von den sexuellen Ungeheuerlichkeiten, die in der Pornographie dargestellt würden, richten sich die Argumente vor allem auch gegen die angeblich durchgängige Inszenierung von sexueller Unterdrückung und Gewalt gegen Frauen, die sich bereits in frauenverachtenden Ausdrücken wie «Schlampe», «läufige Hündin» oder «dreckige Hure» zeigen. Vor allem soll sie aber «mittels der bildlichen Zerstückelung des weiblichen Körpers» sichtbar werden, die «die Frau während des Geschlechtsaktes ausschließlich auf ihre Geschlechtsorgane reduziert und somit ihrer Subjektivität beraubt».[33]

Keine Frage: Schlampe, Hure und läufige Hündin sind verachtende Bezeichnungen für Frauen. Wie steht es aber mit «geiler Deckhengst», «Stecher» oder «Rammler», um nur einige der Ausdrücke zu nennen, mit denen Männer betitelt werden? Und wie sieht die bildliche Zerstückelung in den visuellen Pornos tatsächlich aus?

Weil Pornographie darauf abzielt, eine utopische Welt von Begierde und Wollust vorzutäuschen und die herkömmlichen Materialien hauptsächlich für ein männliches Publikum produziert werden, bedarf es besonders der Beglaubigung der weiblichen Lust, um als männliche Phantasie funktionieren zu können. Obwohl sich die Ausrichtung auf männliches Wunschdenken auf der Ebene der sexuellen Praktiken durch die Bevorzugung der Fellatio gegenüber dem Cunnilingus, die Betonung des männlichen Orgasmus in den expliziten Abbildungen von Ejakulationen und die häufige Inszenierung des Analverkehrs widerspiegelt, kann in den Darstellungen der visuellen Produkte keine tatsächliche Dominanz der männlichen Geschlechtlichkeit nachgewiesen werden. Denn besonders in den visuellen Darstellungen sexueller Aktivitäten steht die Frau im Mittelpunkt der Betrachtung, da etwa zwei Drittel aller Produkte ausgiebige Abbildungen pseudo-lesbischer Praktiken und Masturbationsszenen von Frauen enthalten. Obwohl die Groß- und Detailaufnahmen von Genitalien ein entscheidendes Charakteristikum der Mainstream-Pornographie sind, liegt ihr Anteil am gesamten Film wie oben bereits erwähnt bei durchschnittlich weniger als 25 Prozent der Darstellungen. Und entgegen der Annahme von der zerstückelten Frau sind es vor allem die männlichen Darsteller, die auf ihre Genitalien reduziert werden. Für die Ausgestaltung der weiblichen Charaktere werden die Frauen vielmehr immer wieder in halbnahen oder totalen Aufnahmen gezeigt, und die Darstellung des Aktes wird durch Großaufnahmen der lustvoll stöhnenden Frauengesichter unterbrochen, während von den Männern meist nicht viel mehr als ihr Unterleib zu sehen ist.

Damit orientieren sich die Produkte eher am männlichen Voyeurismus als an einer angeblichen männlichen Sexualdominanz, die sich an gedemütigten Frauen ergötzt.

Rufen wir uns noch einmal in Erinnerung:

- Das pornographische Grundprinzip beruht auf der wechselseitigen Inszenierung von Dominanz und Unterwerfung.
- Die pornographische Utopie ist auf sexuelle Befriedigung ausgerichtet.
- Die Illusion der ewig potenten Männer und wollüstigen Frauen erreicht ihren Höhepunkt in den dargestellten Orgasmen aller Beteiligten.
- Die Lust des Voyeurs spiegelt sich in der Lust seines Objekts der Begierde wider.

Wer diese komplexen Mechanismen des pornographischen Genres auf einen simplen Kausalzusammenhang von Sexualität und Gewalt reduzieren will, verkennt die Vielfalt und Möglichkeiten der gesamten Gattung, oder er/sie versucht sich mit der unzutreffenden Gleichsetzung von Obszönität und Pornographie vor einer weiteren Auseinandersetzung mit dem Thema zu retten.

Qualität, Obszönität und Pornographie

In meinen Ausführungen verwende ich den Begriff Pornographie wertneutral, und zwar zur Bezeichnung einer medialen Gattung neben vielen anderen wie etwa Melodram, Science-Fiction oder Western.

Der Begriff allein sagt noch nichts über die inhaltliche oder ästhetische Qualität des jeweiligen Genres aus, er bezeichnet lediglich die thematische Festlegung eines Werks und lässt Rückschlüsse zu auf häufig verwendete Darstellungsweisen und wiederkehrende Versatzstücke. So erweckt die Ankündigung eines Western-Films die eindeutigen Erwartungen von Cowboys, Indianern, Pferden, Schießereien und den unendlichen Weiten der amerikanischen Prärie. Wie der Film schließlich bewertet wird, hängt zu allererst von der persönlichen Präferenz der Zuschauer ab. Jemand, der Western grundsätzlich nicht mag, wird sich diese Filmgattung gar nicht erst ansehen. Und die anderen unterscheiden sich durch ihre eigenen inhaltlichen Vorlieben. Die einen schwelgen gern in opulenter Indianer-Romantik, andere schauen erwartungsvoll auf das unvermeidliche Duell Mann gegen Mann unter der unbarmherzigen Mittagssonne in einer leer gefegten Stadt. Ob ein Zuschauer oder eine Zuschauerin den Film als «gut» bewerten wird, hängt also vor allem davon ab, ob er den jeweils persönlichen Geschmack getroffen hat. Erst in zweiter Linie entscheidet die darstellerische und gestalterische Qualität über die Bewertung des Films. Denn wer keine Western mag, wird auch keinen wirklich genießen können, und sei er noch so gut gemacht und mit Filmpreisen ausgezeichnet.

Das Gleiche gilt auch für das Genre Pornographie. Die qualitative Bewertung ist vor allem eine Frage des persönlichen Geschmacks. Darüber hinaus gibt es natürlich allgemein nachvollziehbare Kriterien zur Beurteilung einer literarischen, fotografischen, zeichnerischen, filmischen etc. Qualität eines Werkes. Denn auch die individuell bevorzugten Subgenres (weitere inhaltliche und stilistische Unterteilung eines Genres) lassen sich in gut gemachte und schlechte Western, Pornos, Romanzen etc. unterscheiden.

In der großen Auswahl von pornographischen Materialien gibt es ebenfalls eine Reihe von ästhetisch hervorragend umgesetzten Darstellungen, wozu zum Beispiel die fotografischen

Arbeiten von Krista Beinstein gehören, die als aufwendige Fotobände im *konkursbuch verlag* erhältlich sind. Ob die Fotografien allerdings gefallen, hängt von der subjektiven Bewertung der dargestellten Motive ab.

Mit diesen Vergleichen sollte vor allem eines deutlich werden: Jedes nachvollziehbare Werturteil über ein bestimmtes Genre setzt eine analytische Wahrnehmung seiner inhaltlichen und gestalterischen Bestandteile voraus. Insofern ist ein Pauschalurteil (wie Romanze = kitschig, Western = Gewalt verherrlichend oder Porno = obszön) allenfalls eine individuelle Meinung, aber wohl kaum die differenzierte Bewertung eines gesamten Genres.

Trotzdem können Western gewaltverherrlichend sein und Romanzen kitschig, und natürlich gibt es viele pornographische Werke, die als obszön bewertet werden können. Gegen solche Feststellungen ist ebenso wenig einzuwenden wie gegen das persönliche Urteil «Tragödien finde ich unerträglich» oder «Pornos sind scheußlich».

Als subjektive Meinung ist es also völlig legitim, Pornographie als obszön (unanständig, schamlos) zu bezeichnen und deshalb das ganze Genre abzulehnen.

Ein Ziel dieses Kapitels ist es aber aufzuzeigen,

- dass Pornographie ein eigenes Genre unter vielen anderen ist,
- dass für Pornographie die gleichen individuellen und qualitativen Bewertungskriterien gelten wie für alle anderen Genres auch
- und dass schließlich das Spektrum pornographischer Darstellungen zu vielfältig ist, um eine pauschale Bewertung des gesamten Genres zulassen zu können.

So sehr die eben beschriebenen Stilmittel auf Wirkung ausgerichtet sein mögen, sie funktionieren nur, wenn sie die Vorlieben sexueller Phantasien der jeweiligen Konsumenten treffen. Im Gegensatz zur verbreiteten Meinung über Pornographie bewegen sich diese Präferenzen in der überwiegenden Mehrheit in einem überschaubaren Rahmen von unspektakulären sexuellen Wunschträumen. Im Porno darf es ein wenig vielfältiger sein als im wirklichen Leben, wo allzu häufige Stellungswechsel Muskelkater verursachen würden, oder der Wunsch nach Gruppensex nicht unbedingt auf das Verständnis der eingeladenen Gäste stoßen würde.

So beinhalten die pornographischen Darstellungen vor allem Variationen von Stellungen. Der größte Teil der pornographischen Produkte variiert die herkömmliche Bandbreite von Stellungen in Verbindung mit Rollenspielen, die auf dem immer gleichen Prinzip der wechselseitigen Hingabe und Verführung beruhen. Da können gestrenge Lehrerinnen das Verhalten ihrer Schüler(innen) mit sexueller Unterwerfung «bestrafen». Unschuldige Hausmädchen werden zu Sklavinnen der hausherrlichen Begierden. Kfz-Mechaniker lassen sich ihre Dienste mit sexuellen Leistungen ihrer Kundinnen «bezahlen». Ehefrauen verführen vor den wollüstigen Augen des Gatten wahlweise dessen Chef, die Angestellten, Freunde oder Nachbarn. Ärztinnen locken ihre Patienten in die Sex-Falle und zwingen diesen ihre besonderen Gelüste auf. Oder zur Abwechslung macht sich der Gynäkologe über die dargebotenen Vaginas der auf dem «Stuhl» liegenden Damen her.

Als weiteres Muster kommen noch die persönlichen Vorlieben zum Beispiel für körperliche Besonderheiten wie große oder kleine Brüste, dicke oder lange Penisse, Haut- und Haarfarbe oder bestimmte Personenkonstellationen und Stellungen hinzu.

Sex-Stellungen

Besonders beliebt sind hier Cunnilingus (Reizung des *weiblichen* Geschlechtsteils mit der Zunge) und Fellatio (Reizung des *männlichen* Geschlechtsteils mit Zunge und Lippen). Diese Varianten finden sich in fast allen pornographischen Darstellungen, entweder ausschließlich wie im Beispiel der «Verabredung mit einem Unbekannten», als Auftakt für den nachfolgenden Akt wie bei der Erzählung von Amatista und Pierre oder als eine Möglichkeit unter anderen wie bei der Beschreibung der Orgie im Aufzug von Diana Raznovich.

Als weitere übliche Stellungen gelten:

- die gleichzeitige Ausführung von Cunnilingus und Fellatio, auch «69» genannt,
- die Missionarsstellung, also er oben, sie unten,
- von hinten, auch als «Hündinnen-Stellung» bezeichnet, wobei sie auf allen vieren kniet und er sie von hinten vaginal penetriert,
- und die «Reiterin», bei der er liegt und sie auf ihm sitzt und seinen Penis «reitet».

Die Mehrheit aller pornographischen Darstellungen variiert diese herkömmlichen sexuellen Praktiken, in dem diese mit mehr oder weniger häufigen Stellungswechseln in den beschriebenen Handlungsablauf oder die Story eingebaut werden. Zur weiteren Ergänzung der Choreographie von Stellungen gehören auch die seltener dargestellten Varianten «fist fuck», also das Eindringen mit der ganzen Hand in Vagina oder After, und «Doppeldecker», womit die gleichzeitige Penetration in Vagina und After von zwei Penissen oder Dildos gemeint ist.

Analverkehr

Ein anderes wiederkehrendes Thema in der Pornographie ist die Darstellung des Analverkehrs. Die Vorstellung, eine Frau rektal zu penetrieren, hat für viele Männer einen ganz eigenen Reiz mit unterschiedlichen Motivationen. Das kann die stimulierende Wirkung einer engen Öffnung sein oder die Vorstellung von «schmutzigem» und somit besonders wildem Sex oder ein Ausdruck von männlichem Dominanzgebahren.

Tatsache ist aber zunächst einmal, dass im Anus zahlreiche Nervenenden münden, die den analen Bereich zu einer derart erogenen Zone machen, dass diese bereits von Kindern genüsslich entdeckt wird. So verwundert es sicher auch nicht, dass es durchaus Frauen gibt, die Analverkehr als lustvoll empfinden.

Es gibt mittlerweile einen weitgehenden Konsens über die Penetration des weiblichen Afters, die in der Pornographie häufig dargestellt und im wirklichen Leben wahrscheinlich sehr viel seltener praktiziert wird, aber mit Sicherheit nicht zu den tabuisierten Praktiken zählt, wie z. B. Sex mit Fäkalien.

Auch in der Frauenpornographie wird der Analverkehr thematisiert, allerdings häufiger mit einem anderen Vorzeichen wie in dem folgenden Zitat der Internet-Autorin Anaiss, die ihre Kurzgeschichten auf verschiedenen Erotik-Websites veröffentlicht.

In der Erzählung «Blick aus dem Schrank» inszeniert eine Frau ihre besondere Sex-Phantasie, indem sie ihrem Lebensgefährten befiehlt, sich nackt in den Schrank zu setzen und ihr bei der Verführung seines Freundes zuzusehen. Die Handlung wird abwechselnd aus seiner und ihrer Perspektive erzählt und mündet schließlich in einem «flotten Dreier».[34]

> Ich bade meine Hand in meiner nassen Möse und befeuchte dann sein hinteres Loch mit meinen feuchten Fingern, bis es ganz glitschig und nachgiebig ist. Einen Finger stecke ich vorsichtig hinein und lasse ihn dann wieder hinausgleiten, hinein und hinaus, hinein und hinaus. Ich frage ihn, ob mein Fingerfick ihm gefällt ... und er windet sich vor Lust und fleht mich an weiterzumachen. Ein zweiter Finger gesellt sich zum ersten und weitet so das Loch, damit es für deinen Schwanz ganz bereit ist. Ich ziehe meine Finger heraus und sehe, wie sich sein Loch wieder schließt, aber nicht mehr ganz so eng wie zuvor. Ich spreize seinen Hintern, während du deinen steifen Schwanz gegen sein Loch presst. Er schreit, daß dein Schwanz zu groß wäre, aber ich befehle ihm, dagegen anzudrücken. Das tut er, und dann gleitet dein Schwanz tief in seinen Hintern. Als du beginnst, ihn richtig in den Arsch zu ficken, setze ich mich

vor sein Gesicht und nähere meine Möse seinem Mund. Seine Zunge vollbringt Wunder in meiner Liebesgrotte – sie wird im Rhythmus deiner Stöße immer schneller. Dann findet seine Zunge meine steife Liebesperle und lutscht sie hingebungsvoll. Ich komme ganz hart, und sein Gesicht wird naß von meinen Säften. Allein der Anblick, wie er mich leckt, reicht, damit auch du kommst. Du ziehst schnell deinen Schwanz aus ihm und spritzt deine Milch über seinen Hintern – eine kleine Lache bildet sich auf seinem Rücken.

Die anale Penetration von Männern als Element weiblicher Phantasien taucht in vielen frauenpornographischen Werken auf wie zum Beispiel bei Almudena Grandes' «Lulù», Alicia Steimbergs «Amatista» oder «Der Freund meines Sohnes» von Diana Raznovich. Auch in der visuellen Pornographie wird diese Variante thematisiert wie in der Fotoreihe «Gewalt und Zärtlichkeit» von Claude Alexandre, in dem Video «Schöpfer des Himmels» von Marlon Shy oder in dem Aufklärungsvideo «Bend over boyfriend» (Beug dich vor, Freund).

Gerade aber der Fall des letztgenannten Films zeigt, wie willkürlich die Bewertung von Pornographie ist. Der Analverkehr gehört zu den üblichen Komponenten des Mainstream-Pornos. Als sexuelle Frauenphantasie mit dem Mann als Lustobjekt kann diese Variante allerdings zu einem Politikum werden.

Der Film «Bend over boyfriend» beinhaltet eine Mischung aus Anleitung, medizinischen Informationen und pornographischer Umsetzung der analen Penetration bei Männern. Nach dem ausführlichen Informationsteil über anale Stimulation zeigen drei Paare die diversen Möglichkeiten ihrer Anwendung.

Zur Einleitung jeder Szene erklären die Männer deutlich, warum sie diese sexuelle Variante einmal ausprobieren wollen und was sie daran so anmacht. Alle drei Szenen enden mit dem dargestellten Orgasmus der Paare.

In einem Infobrief des US-amerikanischen Versandhauses «The Sexual Library» wurde das Video als Verkaufshit des Jahres 1998 angekündigt. Also bestellte ich es als Musterbeispiel für die Produktanalysen zu meiner Doktorarbeit. Als das Video schließlich bei der Lüneburger Zollbehörde ankam, wurde es direkt an die Bundesprüfstelle für jugendgefährdende Schriften (BPS) nach Hannover weitergeleitet, wo es nach Meinung der Jugendschützer als Gewalt verherrlichendes Material im Sinne des § 131 StGB eingestuft werden sollte. Der Streit um dieses Video dauerte etwa zwei Monate, bis ich es nach dem beherzten Eingreifen meines Doktorvaters schließlich wieder ausgehändigt bekam.

Eine mögliche Erklärung für die männliche Abwehrhaltung gegenüber der Thematisierung dieser Form von Analerotik wurde kürzlich in der erfolgreichen PRO 7-Serie «Sex and the City» angeboten, in welcher die sexuellen Erfahrungen der vier Freundinnen Carrie, Samantha, Charlotte und Miranda einen umfassenden Überblick über den Stand der Geschlechterverhältnisse liefern. In der 2. Episode der 2. Staffel erfuhr Miranda «the awful truth» (die furchtbare Wahrheit) über die Grenzen männlicher Belastbarkeit. Sie hatte gerade einen neuen Freund, der im Bett seine Vorliebe für «dirty talk» offenbarte. Nach anfänglichen Hemmungen fand Miranda schließlich Geschmack an der erotisierenden Kraft «schmutziger Worte», was schließlich dazu führte, dass er gar nichts mehr hören wollte.

Miranda: «Wie soll ich denn ahnen, daß ‹du kriegst gern meinen Finger in den Arsch› das Einzige ist, das ein Kerl im Bett nicht hören will?»
Samantha: «Glaub mir, das ist nicht das Einzige.»
Miranda: «Dabei stimmt es. Er steht wirklich drauf.»
Carrie: «Ja, natürlich stehn sie drauf. Sie wollen nur nicht darauf hingewiesen werden.»

Aber gleichgültig, ob Männer oder Frauen das nun gern hören mögen, Analerotik ist eine der häufigsten Phantasien, die in der Pornographie thematisiert werden und gehört damit zu den üblichen dargestellten Sex-Stellungen.

Frauen und Frauen

Neben diesen üblichen Formen gibt es auch noch eine Reihe von besonderen Vorlieben, die sich zunächst vor allem durch die Variation der beteiligten Personen unterscheiden. Hier wiederum sind die bevorzugten der lesbische und der Gruppen-Sex, wie in den obigen Zitaten. Diese Präferenzen gelten für Frauen und Männer gleichermaßen, allerdings mit unterschiedlichen Motivationen. Sehr viele Männer stellen sich gern zwei (oder mehr) Frauen beim Liebesspiel vor als Einstimmung oder zur Steigerung der Erregung, indem sie sich selbst als Voyeure sehen, die zum passenden Zeitpunkt in die Handlung eingreifen könnten. Bei der pornographischen Umsetzung dieser Variante spielt vor allem das Fehlen eines möglichen Konkurrenten eine große Rolle. Der Konsument muss seine eigenen körperlichen Vorzüge nicht mit denen eines besonders gut ausgestatteten Darstellers vergleichen und kann sich so selbst als Objekt der Begierde der agierenden Frauen sehen.

Auch für heterosexuelle Frauen kann die Vorstellung von der Ausgrenzung eines männlichen Sexpartners ihre besonderen Reize haben. Diese liegen eher in der Möglichkeit, sich in der Phantasie ganz und gar den eigenen Bedürfnissen hinzugeben, die eine andere Frau besser nachzuvollziehen vermag, wobei sich die eigene Lust in der der anderen Frau(en) widerspiegelt. Dabei soll der Liebhaber nicht grundsätzlich für überflüssig erklärt werden. Diese Variante ist eher eine Spielart neben den herkömmlichen heterosexuellen Möglichkeiten.

Die Vermutung ist nahe liegend, dass sich die pornographischen Darstellungen lesbischer Autorinnen von den oben genannten pseudo-lesbischen Inszenierungen unterscheiden. Ebenso nahe liegend ist es, dass sich die sexuellen Möglichkeiten in dem gleichen körperlich begrenzten Rahmen bewegen wie in den heterosexuellen Varianten auch. Es geht auch hier um Penetrationen und Oralverkehr in allen erdenklichen Stellungen und Rollenverteilungen. Was also ist anders?

Und genau so hatte es an diesem sonnigen Nachmittag in der Höhle der Frau Elstermeier auch begonnen.
Das 12-teilige Kaffee-Service war sehr schön. Auf den Vorschlag, gemeinsam Frau Elstermeiers S/M-Videos anzusehen, war Elvira nicht näher eingegangen.
Nein nein nein, ich will jetzt gar keinen Sex – so waren ihre Gedanken gewesen, als Frau Elstermeier das erste Mal zwischen ihre Beine gegriffen hatte, nein, ich will das jetzt gar nicht, los, geh da weg! Los!

Aber was anfangs wie plumpe Überrumpelung wirkte – fällt ihr denn nichts anderes ein? Nichts irgendwie Verziertes, Ausgeschmücktes? Nichts Lyrisches? Ihre Hochsteckfrisuren sind doch so raffiniert –, entpuppte sich schnell als zielstrebige Durchtriebenheit. Während Elvira sich noch in ihren Überlegungen, Erörterungen und Abwägungen verhedderte, machte Frau Elstermeier sie geil, ohne daß sie es mitbekam.
Oder möchte ich vielleicht doch Sex mit Frau Elstermeier?
Eine Rakete im Bett – war es nicht das, was sich jede Frau wünschte?
Und noch während Elvira dachte: Nein, ich bin ganz trocken, und ich bleibe auch trocken, und noch während sie sich fragte, warum der Wein immer trocken hieß, obwohl er doch naß war, war es auch bereits geschehen.
Wenn ich nicht naß bin, läuft gar nichts, hatte Elvira anfangs gedacht. Als Frau Elstermeier zur Sache kam, hieß Elviras eiserner Vorsatz, nicht naß zu werden, aber ungefähr eine Sekunde später, und sie hatte die Bescherung. Sie war so naß, daß es Frau Elstermeier sogleich zu einer unanständigen Bemerkung animierte.
«Oh, was haben wir denn da Saftiges?» rief sie entzückt. Und das schmatzende Geräusch, das der erste Finger, den Frau Elstermeier in Elvira hineinschob, erzeugte, sprach für sich. Da war Elvira bereits bis auf die Socken entkleidet und auf Frau Elstermeiers Bett geworfen.
«Ich möchte gern meine Socken ausziehen», wünschte Elvira leise.
«Aber sicher doch, nur zu», sagte daraufhin Frau Elstermeier. Ihr Finger blieb am Eingang von Elviras Möse.

Dafür, daß Frau Elstermeier anfangs so schnell und ohne Umwege ihr Ziel gefunden hatte, ließ sie sich danach lange Zeit.
Frau Elstermeier spielte und massierte mit einem einzigen Finger am Eingang der Möse herum, sie zeichnete den Rand mit kaum merklichem und dann wieder festem Druck nach. Sie ging so unendlich langsam hinein, daß Elvira, die Sex mit Frau Elstermeier ablehnte, *Ich komme!* dachte, *gleich komme ich!* und sich wünschte, dieser eine Finger – und noch viel mehr davon – möge ganz in ihr verschwinden.
Nach und nach hatte Frau Elstermeier sich selbst ausgezogen. Sie trug die Haare nun offen. Elvira kam innerhalb von kürzester Zeit.
Sie behielt übrigens bis zum Einschlafen ihre Socken an, wie die Privatdetektive in den Spielfilmen, die in tristen Hotelzimmern mit Armbanduhr und Socken ficken.
«Du kommst ja schon, wenn ich dich nur antippe», hatte Frau Elstermeier gesagt. «Habe ich dir das erlaubt?»
So hatte es an jenem Nachmittag mit Frau Elstermeier begonnen.

In ihren Erzählungen «Wie Elvira ihre Sexkrise verlor»[35] beschreibt die Autorin Regina Nössler unter anderem die erotischen Abenteuer von Elvira, die mit Frau Elstermeier ihre sexuelle Frustration überwindet. Obwohl Elvira bereits Sex mit Frau Elstermeier hat, geht es in der zitierten Textstelle hauptsächlich um Elviras Gedanken und Empfindungen und um die Darstellung der uneingeschränkten Dominanz von Frau Elstermeier. Die Leserin wird von der Autorin eher in die Rolle der Komplizin gedrängt, die Elviras zwiespältigen Gefühle teilt. Damit schränkt Nössler aber vor allem die Perspektive des männlichen Lesers als Voyeur deutlich und ganz bewusst ein, denn ein Mann ist in dieser lesbischen Erzählung weder als Beobachter noch als möglicher Sexualpartner gefragt. Doch auch der Blick der Leserin wird von dem eindeutigen Geschehen zwischen Elviras Beinen immer wieder zu ihren widersprüchlichen Gedanken gelenkt, selbst als Frau Elstermeier richtig in Fahrt kommt.

> «Mach dich weit!» wiederholte Frau Elstermeier. «Ja. Ja. So ist es gut. Und bitte noch ein bißchen weiter auf.» Zwar verbot Elvira ihrer Möse, sich zu weiten, aber sie zeigte offensichtlich nicht genügend Strenge. Manche Menschen verfügen über natürliche Autorität, manche können sich abstrampeln, wie sie wollen. Elviras Möse war ungezogen und führte ein von Elvira losgelöstes Eigenleben.
> «Ja», sagte Frau Elstermeier, «oja, hineinschlüpfen und sich wohlfühlen!»
> Zwar wäre Elvira jetzt gerne von hinten gevögelt worden, um die Auslieferung, in die sie sich fügte, perfekt zu machen, um nur noch, ohne es sehen zu können, darauf zu warten, was Frau Elstermeier wohl als nächstes ausheckte – aber so war es auch gut. All das *Ich will nicht, ich will nicht – du mußt aber* hatte Elvira hinter sich gebracht. Frau Elstermeier war nun seit mindestens einer Stunde in ihr drin. Elvira blickte auf ihre herabhängenden Brüste und kam zu der Erkenntnis, daß ihr große Titten wohl gefielen.
> Seit mindestens einer Stunde! «Ist dir das nicht zu anstrengend?» hauchte Elvira aufgelöst.

«Nö!» sagte Frau Elstermeier.
Elviras unartige Möse paßte sich Frau Elstermeiers Hand an und fraß sie gierig bis zum Handgelenk auf.

Ohne Zweifel, Frau Elstermeier hat hier das Sagen, und Elvira fügt sich in die scheinbare Unvermeidbarkeit ihres Schicksals, das in Frau Elstermeiers energischen Händen liegt. Auch in dieser lesbischen Variante geht es also um Verführung und Hingabe. Wie fließend die Grenze zwischen diesem Aspekt und der erzwungenen Unterwerfung bis hin zur Vergewaltigung in einer sexuellen Phantasie sein kann, beschreibt Regina Nössler in ihrem Buch «Strafe muß sein»[36].

Hildegard lag auf dem Rücken, gefesselt an Händen und Füßen.
«Hör jetzt endlich damit auf», sagte sie und ahnte, daß dies nicht mehr der Wirklichkeit, wie sie sie kannte, entsprach und daß es sich von allen früheren Streitigkeit mit Henriette deutlich unterschied.
Aber Henriette erwiderte nur geheimnisvoll und voller Verderben:
«Ich alleine weiß, was gut für dich ist.»
Sie rückte den Sessel, in dem zuvor Hildegard gesessen hatte, näher an die Heizung, hob ihren Rock, zog zuerst ihre Strumpf- und dann die Unterhose aus. Sie wiegte sich in einem sexbesessenen Rhythmus. Sie sah aus wie eine Stripperin. Sie setzte sich auf den Sessel. So, daß Hildegard sie, wenn sie ihren Kopf zur Seite neigte, sehen konnte.
Und Hildegard sah, wie Henriette ihren Rock nach oben schob.

Sie sah, wie Henriette mit weit geöffneten Schenkeln dasaß; ihr wurde freie Sicht auf Henriettes Geschlecht gewährt. Ohne den Blick von Hildegard zu wenden, legte Henriette eine Hand auf ihre Scham. Mit zwei Fingern spreizte sie die Venuslippen und rieb langsam über ihre Klitoris. Das sah grausig und schön aus. Henriettes Gesichtsausdruck bei diesem Vorgehen war triumphierend. Sie rieb mit den Fingern über ihre gesamte Spalte.
Du bist doch nicht normal!
Henriette bewegte ihr Becken. Sie lehnte den Oberkörper zurück und rieb heftiger. Währenddessen ließ sie die Gefesselte nicht aus den Augen.
«Sieh gefälligst hin!»
Es ekelte Hildegard an. Sie schämte sich. Aber hinsehen mußte sie trotzdem, wie durch einen grausamen Bann, einen Sog verursacht. Sie mußte unaufhörlich hinsehen, konnte weder ihren Kopf zur anderen Seite drehen noch einfach ihre Augen schließen, um zu vergessen. Das Hinsehen. Es war wie ein Zwang.
«Na? Regt dich das auf?»
Henriettes Atem ging schneller. Ein einziger Finger kreiste in immer schnelleren, rhythmischen Bewegungen auf derselben Stelle. Henriette öffnete den Mund und stöhnte.
«Ich sehe doch, wie geil du wirst!»
Es widerte Hildegard an. Aber hinsehen mußte sie doch. Es war wie ein Zwang. Sie konnte einfach nicht wegsehen. Unwillkürlich öffnete auch sie den Mund und atmete schneller. Die Schaulust. Gebannt starrte Hildegard auf das Geschlecht und die Hand, die sich daran zu schaffen machte.

Diesem Auftakt folgen die verschiedensten Erniedrigungen, die Henriette ihrer Lebensgefährtin Hildegard zufügt. Diese unterwirft sich schließlich dem Unvermeidlichen. Und dann: «Mit einem Mal ließ sie sich von ihrer eigenen Leidenschaft hinreißen, ihrer Gier, die sie doch verabscheute und nicht wollte. Nicht haben wollte.» Die gefesselte Hildegard kapituliert vor Henriettes Lust und ist dieser zu willen, indem sie die über ihr kniende Henriette oral befriedigt. Doch gegen ihren Willen wird sie auch das Opfer ihrer eigenen Erregung, die sie nicht zu unterdrücken vermag.

Wie angenehm wohltuend es war, als die Fußfessel gelöst wurde. Befreiung. Als endlich der schneidende Schmerz von der armen, zarten Haut über den Knöcheln wich. Blieben nur noch Hildegards Hände, die Handtasche, und auf alldem ihr eigener Hintern, der schwerer und schwerer wog.

Henriette hatte sich neben sie gelegt, den Kopf zu Hildegards Füßen gewandt, und rückte ganz nah an sie heran. Sie biß in Hildegards Knie, leckte witternd über ihren Oberschenkel, hinauf, immer weiter hinauf und sagte:

«Mach die Beine breit!»

Der Kopf zwischen ihren Beinen. Hildegard war keineswegs empört. Sie war erregt. Sie wollte, daß Henriette es ihr machte. Jetzt.

Mit einem Arm umfaßte Henriette Hildegards Hüfte. Der Kopf zwischen ihren Beinen. Hildegard öffnete die Augen und sah den weichen, nackten Körper, der halb auf ihrem lag, die Wölbung des Hinterns, direkt vor ihr, zum Greifen nah, wenn sie es nur gekonnt hätte: hinein-

greifen! Der dunkle Schlitz, der ihn teilte. Die Haare. Der rote Wulst, der glänzend hervorlugte. Fleisch.
Ihr genügte beinahe schon der *Gedanke* an die Zunge, die sie sich vorstellte: weich, naß, leckend.
Der Gedanke an den saugenden Mund Henriettes zwischen ihren geöffneten Beinen.
Kaum daß Henriette Nase und Mund in die nasse Spalte gedrückt hatte und sie mit ihrem Speichel noch nasser und glitschiger machte, gründlich, ihre Zunge schob sich zwischen die Lippen und öffnete sie, legte die empfindliche Spalte frei, sie leckte im richtigen Rhythmus hinunter und hinauf – kaum daß die Zunge sich ihren Weg in beide Öffnungen bahnte und stieß, genau im richtigen Rhythmus, kam Hildegard.
Gern hätte sie es wohlig hinausgezögert. Gern hätte sie sich hinhalten lassen.

Dominanz und Unterwerfung

Bei dem Vergleich der bisherigen Beispiele fällt auf, dass sie sich unabhängig von den jeweiligen Inhalten und Präferenzen alle um ein Grundthema drehen – nämlich um das Spiel mit Hingabe und Verführung, Dominanz und Unterwerfung. Dabei ist es bedeutungslos, ob homo-, hetero- oder bisexuelle, männliche oder weibliche Phantasien dargestellt werden, denn der Spannungsbogen zwischen diesen Polen ist eines der am häufigsten verwendeten dramaturgischen Elemente in der Pornographie.

Für das Verständnis unseres Themas ist diese Erkenntnis von besonderer Bedeutung. Die Behauptung, Pornographie stelle ein durchgängig männliches Dominanzgebaren gegenüber ausschließlich unterwürfigen Frauen dar, liegt – wie bereits festgestellt – den meisten Anti-Porno-Argumentationen zugrunde. Wer sich aber die Mühe macht, die pornographischen Inhalte genauer zu untersuchen, wird schnell bemerken, dass diese Behauptung ein männerfeindliches Klischee bedient, das die männliche Aggression einer weiblichen Ohnmacht gegenüberstellt. Tatsächlich ist das Rollenspiel mit der tonangebenden Frau, die den willigen Mann als Sexobjekt benutzt, in den pornographischen Darbietungen ebenso beliebt wie das umgekehrte Machtverhältnis des beherrschenden Mannes, der seine Lust an der willigen Frau befriedigt. Bereits der anerkannte Begriff der Domina (aus dem römischen, meinte ursprünglich die Dame des Hauses, die Hausherrin) verweist auf die verbreitete männliche Phantasie, sich den sexuellen Wünschen einer dominanten Frau zu unterwerfen.

> Als ich wieder zu ihm ging, stellte ich fest, daß er inzwischen den Kopf auf die Arme geneigt und den Arsch in die Luft gestreckt hatte. Ich stellte mich hinter ihn, hakte einen Finger unter den Bund seiner Hose und zog sie runter, um seine dunklen Hinterbacken zu entblößen. Er trug natürlich keine Unterwäsche. Ich konnte nicht widerstehen, ihm mit der Hand über den Hintern zu fahren. Er drückte ihn hoch, gegen meine Handflächen, und ich streichelte die festen, muskulösen Kugeln. Dann ließ ich meine Hand sanft über seine Ritze gleiten, vorbei am Anus und über seine Eier. Als ich hörte, wie er leise Lustseufzer ausstieß, richtete ich mich auf und ließ

die Peitsche auf dieses wunderbare Fleisch niedersausen. Er zuckte, und die Hinterbacken zogen sich auf eine unglaublich ästhetische Art zusammen, nichts als Sehnen und Konturen, auf und ab schaukelnde Wellen gechmolzener Schokolade. Ich holte ein zweites Mal aus und ein drittes Mal, bis durch die Haut ein rosiger Streifen schimmerte. Als ich die Stelle mit der Hand berührte, fühlte sie sich ganz heiß an.

«‹Setz dich auf, Matrose›, befahl ich ihm. Er gehorchte und wippte zurück auf die Fersen. ‹Tut es weh?›

‹Es tut angenehm weh, Herrin. Es tut richtig angenehm weh.›

‹Zieh das Hemd aus, Matrose›, kommandierte ich. Er zog es sehr langsam aus und streckte dabei die Arme hoch und wiegte sich in den Hüften, was die imposanten Linien in Armen und Rücken betonte. Ich kniete mich einen Augenblick neben ihn, auf den Teppich, direkt da drüben übrigens» – Chantal zeigte auf die weiße Teppichstelle zwischen Zebrasessel und Eßtisch, und drei Augenpaare folgten ihrer Hand –, «und küßte ihn auf Hals und Rücken. Ich zog meine Finger hinter den Lippen her und grub ihm die Nägel immer tiefer und tiefer in die Haut, bis ich die Kratzer sah und er anfing, sich vor Schmerz zu winden. Dann stand ich auf und peitschte ihn auf den Rücken sowie den Hintern, der da so keck auf den Fersen hockte. Ich hatte eine CD von den Cowboy Junkies aufgelegt und bewegte mich ein bißchen im Rhythmus der Musik, während ich ihn auspeitschte. Die Situation war wirklich ziemlich hypnotisch und irgendwie irre erregend. Allein, zu sehen, wie so ein unglaublich starkes männliches Muskelwesen sich

> vor Wollust und Schmerz auf deinem Wohnzimmerteppich krümmt, deinem Befehl absolut hörig, ich meine, mehr kann sich ein Mädchen doch nicht wünschen.»[37]

So also geht die Geschichte von Linda Jaivin weiter, in der die Romanfigur Chantal ihren Freundinnen von ihrer Erfahrung mit einem Callboy berichtet. Doch wie bereits in dem ersten Textzitat (siehe S. 47) verdeutlicht, geht es hier «um die Inszenierung einer Phantasie. Mit seiner Zustimmung».

Macht und Ohnmacht

Das Gleiche gilt für alle pornographischen Materialien. Sie zeigen inszenierte Phantasien (sprachlich oder bildlich), in denen sich die handelnden Personen gemeinsam in einer utopischen Welt der Wollust bewegen. Um aber als sexuelle Phantasie funktionieren zu können, bedarf es der Einwilligung aller Beteiligten, denn die Lust des anderen dient als Verstärker der eigenen Lust. Dieses Grundprinzip erklärt, warum in der Pornographie jeder scheinbar erzwungene Sexualakt mit der Lust und Befriedigung des/der Unterworfenen endet. Der dominante Part zwingt dem Devoten seine Begierden und Gelüste auf, wendet psychische und/oder physische Gewalt an, die aber schließlich das «Opfer» ebenso erregen soll wie den «Vergewaltiger» oder die «Vergewaltigerin». Zum Beispiel erwidert Henriette nur geheimnisvoll und voller Verderben: «Ich alleine weiß, was gut für dich ist.»

Indem sich der eine Sexualpartner der Dominanz des anderen ausliefert, dient er dessen Befriedigung und wird dafür mit einem opulenten Orgasmus belohnt, der umso intensiver ist, weil er unerwartet serviert wird. Dieses Schema ist eine weitere Variante des Dominanz- und Unterwerfungsmusters und auch hier wieder unabhängig davon, ob hetero- oder homosexuelle Phantasien abgebildet werden wie in dem Beispiel der oben zitierten Episode von Hildegard und Henriette.

In diesem Zusammenhang erhält aber der Begriff «Vergewaltigung» eine andere Bedeutung. Es ist einer der häufigsten Vorwürfe gegen Pornographie, dass diese Vergewaltigungen verharmlose und in allen Spielarten darstelle. «Pornographie ist die Theorie und Vergewaltigung die Praxis», lautete dementsprechend das erste Kampfmotto der Porno-Gegnerinnen. Wie aber bereits im ersten Kapitel verdeutlicht, handelt es sich bei einer Vergewaltigung um einen grausamen Akt von GEWALT, der allein auf die Erniedrigung des Opfers und die scheinbare Erhöhung des Täters abzielt. Eine Vergewaltigung ist kein sexueller Akt, sondern eine Gewalttat!

Die Dominanz- und Unterwerfungsphantasien der Pornographie stellen dagegen sexuelle Spielarten dar, in denen es um Macht und Hingabe geht und die grundsätzlich auf einem gegenseitigen Einverständnis beruhen. Das Reizvolle an solchen Phantasien besteht ja gerade in der Macht des einen über die Lust des anderen. Henriette überwältigt ihre Lebensgefährtin Hildegard, zwingt sie zum Cunnilingus und verursacht damit schließlich Hildegards eigene Lust, der sie willenlos ausgeliefert ist.

Besonders deutlich wird dieses Prinzip in den sadomasochistischen Phantasien als sehr viel härtere Inszenierungen von Dominanz und Unterwerfung, in denen es unter anderem auch um das lustvolle Zufügen und Erdulden von Schmerzen gehen kann. Für die Kritikerinnen und Kritiker sind pornographische S/M-Darstellungen besonders problematisch, weil ihrer Meinung nach bei diesen Inszenierungen die Grenze zwischen Realität und Darstellung vollständig verschwindet. Doch der damit verbundene Vorwurf, S/M-Pornos enthielten reale und besonders grausame Verletzungen der körperlichen und seelischen Unversehrtheit ihrer Darsteller und Darstellerinnen, beruht auf den gleichen Missverständnissen wie die meisten anderen Anti-Porno-Argumente auch.

In diesem Buch wird als Ergebnis langjähriger und umfangreicher Forschung die These vertreten, dass pornographische Darstellungen ganz deutlich von alltagsweltlichen sexuellen Handlungen unterschieden werden müssen. Pornographie ist nicht gleich Sexualität!

In meinen bisherigen Ausführungen habe ich ganz bewusst auf eine Analyse weiblicher und männlicher Sexualität verzichtet. Denn die Präferenzen der sexuellen Phantasien lassen *keinen* unmittelbaren Rückschluss auf das tatsächliche Sexualleben der Menschen zu. Besonders deutlich wird diese Diskrepanz zwischen Phantasie und Wirklichkeit bei dem Subgenre «S/M-Pornographie». Entgegen der bisherigen Vorgehensweise sind hier zum besseren Verständnis einige Anmerkungen zu dem sexuellen Phänomen des Sadomasochismus nötig.

In «Das SM-Handbuch»[38] beschreibt Matthias T. J.

Grimme die wichtigsten Regeln und Voraussetzungen für die Umsetzung sadomasochistischer Vorlieben:

> SM hat etwas mit dem Austausch von Macht zu tun, deswegen sollte der, der die Macht abgibt, sich vorher davon überzeugen, ob der, der sie erhält, diese Ehre und dieses Vertrauen auch verdient.

Und gerade weil es um Vertrauen und gegenseitiges Einverständnis geht, ist die vorherige Absprache die wichtigste Voraussetzung für eine gute S/M-Inszenierung.

> Wenn zwei oder mehr Leute etwas miteinander machen wollen, sollten sie vorher miteinander abklären, was ihre Erwartungen, Vorstellungen und Phantasien sind. Es ist eine Illusion zu glauben, es wäre damit getan, daß beide ‹ja› sagen. Steht der eine mehr auf Unterwerfung, der andere mehr auf Bondage, muß sich hinterher niemand wundern, wenn die Aktion schiefgeht.

Die Inszenierungen spielerisch-ritueller Gewalt-Phantasien sollen also auf klaren Absprachen und Vereinbarungen beruhen. Die Rollen werden vorher festgelegt, ebenso wie die Grenzen und die Einspruchmöglichkeiten der agierenden Personen. Bei allem, was passiert, bedarf es der Zustimmung der beteiligten Akteure. Die Teilnahme an so genannten S/M-Sessions ist freiwillig. Das Ziel allerdings ist die Überschreitung der persönlichen Grenzen. Erst in dieser bedingungslosen Hingabe bzw. der entsprechenden Beherrschung eines anderen können manche Menschen sexuelle Erfüllung finden. Über die Ursachen solcher sexuellen Präferenzen lässt sich streiten. Tatsache ist aber, dass der Anteil der bekennenden Sadomasochisten seit den ersten umfassenden Erhebungen in den letzten dreißig Jahren unverändert bei etwa 5 Prozent der Erwachsenen liegt. Dabei ist besonders zu erwähnen, dass vor allem bei Frauen die Akzeptanz gegenüber besonderen Formen sexueller Praktiken gestiegen ist. Dieser Toleranzanstieg spiegelt sich dementsprechend in den Wünschen der Konsumentinnen und Konsumenten nach einer vermehrten Darstellung solcher sexuellen Phantasien in der Pornographie wider. Zu diesen ungewöhnlichen Praktiken gehören, neben S/M-Phantasien, alle Arten von Fetischismus (Gummi, Leder, Intimschmuck, Bondage etc.), Sex-Toys (Dildos, Penisringe, Geisha-Kugeln etc.), besondere Präferenzen (große Brüste, «Busen-Fick», Sex mit Schwangeren oder Alten, etc.) und die Bereiche Sadomasochismus und «Natursekt und Kaviar» (Sex mit Fäkalien).

Phantasie und Pornographie

Bei der großen Auswahl an pornographischen Materialien gibt es also einen kleinen Anteil an Darstellungen ungewöhnlicher sexueller Phantasien, und es lässt sich ein allgemeiner Toleranzanstieg gegenüber diesen pornographischen Sonderformen nachweisen. Obwohl sich aber immer mehr Menschen für die vielfältigen Möglichkeiten sexueller Phantasien interessieren, kann die Wirkungsforschung bis heute keinen Einfluss auf den sexuellen Alltag feststellen. Die Porno-Konsumentinnen und -Konsumenten genießen also das Spiel mit den Phantasien und haben danach (oder währenddessen) genau den Sex, den sie wie üblich bevorzugen.[39]

Nehmen wir als Beispiel ein Ehepaar, das sich gemeinsam ein S/M-Video angesehen hat, in welchem eine mit Lack und Leder ausgestattete Domina einen männlichen Sklaven mit Schlägen und sonstigen Strafmaßnahmen zu ihrem Sexobjekt erzieht. Stellen wir uns einen der wenigen qualitativ hochwertigen Filme vor, die sowohl dem männlichen als auch dem weiblichen Geschmack genügen. Vielleicht ist das Paar auf abenteuerlichem Weg in den Besitz eines Werkes von Candida Royalle geraten. Die Schlussmelodie erklingt und beide Partner sind so erregt, dass sie übereinander herfallen und köstlichen, befriedigenden Sex haben. Dabei stellt sie sich selbst vielleicht in Gedanken als Latex-Lady vor, und er, wie er sich unter ihren Befehlen windet und seine Unterwerfung genießt. Kein Wort huscht über ihrer beider Lippen, aber die Erotik im Kopf explodiert ebenso wie ihre erhitzten Körper.

Vielleicht ging alles sehr schnell, oder die beiden haben den Schlussakt hinausgezögert, so lange es ging, jedenfalls liegen sie sich danach entspannt in den Armen, während die Szenerie aus ihren Phantasien langsam verblasst. Möglicherweise wird keiner der beiden je erfahren, was genau sich der andere in seinem Kopfkino ausgedacht hat, was er/sie vom Partner verlangt hat oder wie weit er/sie in Gedanken zu gehen bereit war. Aber das ist auch nicht nötig. Die beiden hatten guten Sex, sie sind befriedigt und das alles ohne stundenlanges Aufbauen von aufwendigen Szenarien und vor allem ohne störende Handlungsfehler, falsche Worte und sonstige Unterbrechungen. An diesen Beispielen wird der Funktionszusammenhang von Pornographie und Phantasie noch einmal besonders deutlich. Das

Eintauchen in eine erotische Phantasiewelt geht einher mit dem Heraustreten aus dem Alltagsleben. In der Phantasie ist alles perfekt, genau so wie wir es in diesem Moment haben wollen: die Gerüche, Farben, der Ort und das Geschehen. Die handelnden Personen sagen und machen genau das, was wir uns wünschen. Und in dieser Welt ist alles erlaubt. Die energische Geschäftsfrau, die den ganzen Tag hoch konzentriert Arbeitsabläufe koordinieren muss, darf sich in eine Welt der Hingabe hineinträumen, in der sie vielleicht gefesselt und geknebelt auf einem Bett augestreckt liegt und sich den kundigen Händen von mindestens zwei Traummännern anvertraut, die sie schließlich mit ihren perfekten Schwänzen von einem Orgasmus zum nächsten treiben.

Oder der Vater zweier Kleinkinder, der sich mit seiner Frau Haushalt und Kinderbetreuung teilt, träumt davon, einmal von einer Postbotin überrascht zu werden, die ihm ein Paket in die Hand drückt, vor ihm auf die Knie fällt, um ihn mit ungeahnter Zungenfertigkeit zu verwöhnen.

Wir wissen, dass die Chance, so etwas im realen Leben zu erfahren, verschwindend gering ist. Wir wissen auch, dass die Wirklichkeit nie so perfekt ist wie unsere Vorstellung. Oder wir scheuen die möglichen Konsequenzen unserer geheimen Phantasien. Ein One-Night-Stand zum Beispiel ist in Gedanken aufregend, sensationell und natürlich absolut befriedigend, denn niemand muss sich mit einem flauen Gefühl am nächsten Morgen, einem möglichen schlechten Gewissen oder sogar der Angst nach einem ungeschützten Verkehr auseinander setzen.

In diesem Sinne erfüllen erotische Phantasien und Pornographie eine ähnliche Aufgabe, indem sie beide den Eintritt in die utopischen Welten der Wollust ermöglichen. Dabei stellt sich nicht unbedingt die Frage danach, ob das eine besser sei als das andere. Es sind zwei verschiedene Wege mit ähnlicher Wirkung. Und es ist eher eine Frage des persönlichen Geschmacks und des Zeitpunkts, für welchen sich jemand entscheidet.

Die eigenen Phantasien haben eine unübertreffliche Perfektion. In ihnen können wir ungestraft alle persönlichen, moralischen oder situationsbedingten Grenzen überschreiten. Und sie unterliegen nicht den dramaturgischen Regeln einer medialen Darstellungsweise wie die Pornographie. Aber sie sind gebunden an unseren eigenen gedanklichen Horizont.

Wie weit kennen wir uns selbst? Und welche erotischen Bedürfnisse und Vorlieben sind wir bereit, uns einzugestehen? Sind moralische Tabubrüche in Gedanken erlaubt, oder stempeln wir uns mit unseren Phantasien selbst zum gesellschaftlichen Außenseiter ab?

Als junge Frau hatte ich häufig einen wiederkehrenden erotischen Traum, dessen wohlig erregende Stimmung auch nach dem Erwachen anhielt. In meiner erotischen Phantasie sah ich mich im Liebesspiel mit einer anderen Frau. Als es richtig zur Sache ging, erkannte ich mich jedes Mal in dem Körper eines Mannes wieder. Ich fühlte mich als Frau, hatte aber kräftige Muskeln und einen harten Penis, mit dem ich die willig ergebene Frau vögelte. Wenn ich nach dem Aufwachen über diesen Traum nachdachte, verschwand die Erregung schnell, weil mich die vermeintliche Aussage meiner Phantasie verwirrte. Für eine pubertäre Identitätskrise war ich eigentlich schon zu alt. Was aber sollte dieser Traum bedeuten? War ich lesbisch, weil ich mit einer Frau Sex haben wollte, ohne mir dies aber eingestehen zu können? Oder wäre ich lieber ein Mann geworden und konnte mich deshalb in meinen Träumen nicht als Frau identifizieren?

Die Träume selbst hatten eine starke erotische Spannung, aber weil mein Verstand sie jedes Mal nach einer tieferen Bedeutung hinterfragte, konnte ich sie nicht als sexuelle Phantasie genießen – bis zu dem Abend, als ich mit ein paar Freundinnen bei einem Glas Wein auf dem Balkon saß und wir über unsere Vorlieben im Bett plauderten. Vielleicht war es die entspannte Stimmung, vielleicht aber auch der Wein, jedenfalls erzählte ich ihnen von meinem speziellen Traum. Eine der Frauen fing herzhaft an zu lachen, während mich die anderen wohlwollend ansahen.

«Die Vorstellung, ein Mann zu sein, ist doch geil. Solche Phantasien habe ich oft, da kann ich dann beides genießen: hingebungsvoll und dominant zugleich.»

«Du meinst also, dass dieser Traum nicht meine sexuelle Identität in Frage stellt?», erwiderte ich fassungslos.

«Natürlich nicht, du Unschuldslamm! Es ist doch ganz normal, wenn man mal in eine andere Rolle schlüpfen will, warum nicht auch in die eines Mannes? Wenn du in seinem Körper bist, dann weiß *er* wenigstens, wie's geht.»

Meine Tag- und Nachtphantasien haben seitdem schon viele Spielarten gezeigt, in denen sich nach und nach sexuelle Präferenzen herauskristallisierten. Geblieben ist aber seit dem damaligen Gespräch die Gewissheit, dass meine Phantasien weder ungewöhnlich noch besonders verwegen sind – eine Erkenntnis, die sich in meiner langjährigen Arbeit über pornographische Darstellungen endgültig bestätigt hat. Jedes Rollenspiel, jede sexuelle Variante und auch sämtliche Tabus, die ich in der Lage war mir vorzustellen, wurden schon in irgendeinem Porno umgesetzt. Folglich muss es viele andere Menschen geben mit ähnlichen Vorlieben und Phantasien, für die die Bücher, Fotos, Heftchen und Filme produziert werden.

Und obwohl es so viele verschiedene Neigungen gibt, die in den Pornos dargestellt werden, haben alle Konsumentinnen und Konsumenten eines gemeinsam: Sie alle sind Voyeure, die ihre Schaulust befriedigen und ihre eigenen Phantasien bereichern und erweitern.

Teil 3:

Gute Pornos – Wo gibt's denn so was?

Als ich vor einigen Jahren meine Recherche zum Thema Frauenpornographie begann, hatte ich nur eine vage Vorstellung von dem, was ich finden würde. Wenn Frauen auf dem herkömmlichen Pornographie-Markt als Kundinnen kaum in Erscheinung treten – mehr als die Hälfte von ihnen hat noch nie einen Fuß in einen Sex-Shop oder die Porno-Abteilung einer Videothek gesetzt –, dann müsste dies doch als ein eindeutiges Zeichen dafür gelten, dass ihnen weder die Auswahl der Materialien noch die vorhandenen Distributionswege zusagen. Denn dass sich die Mehrzahl der Frauen nicht für Pornographie interessiert, halte ich bis heute für eine Unterstellung.

Wenn es also eine «weibliche Pornographie» gibt, dann müssten sich sowohl die Materialien als auch die Vertriebsformen deutlich von den Angeboten des herkömmlichen Porno-Marktes unterscheiden. Ganz im Sinne der Anti-Porno-Propaganda erwartete ich, hier die besseren Pornos zu finden.

Wer sucht, der findet?

Die ersten Materialien, die ich bei meiner Recherche fand, waren fast ausschließlich lesbische Pornographie und bestätigten meine ursprünglichen Annahmen nicht wirklich – ich war vielmehr schockiert. Die sprachlichen und visuellen Umsetzungen der sexuellen Phantasien waren teilweise so derb und voller

Gewaltinszenierungen, dass es mich zunächst Überwindung kostete, mich damit auseinander zu setzen. Damit hatte ich nicht gerechnet. Ich musste mir eingestehen, wider besseres Wissen und eigener Erfahrungen der Mär von der weich gespülten weiblichen Sexualität aufgesessen zu sein. Obwohl ich doch als Frau am besten weiß, dass weder ich noch meine Geschlechtsgenossinnen ewig liebliche, lammfromme, kulleräugige Wesen sind, hatte ich doch nicht damit gerechnet, dass es eine von uns wagen könnte, dies so öffentlich zuzugeben. Gerade ich, die die Anti-Pornographie-Kampagne engagierter Frauenverbände der ihr innewohnenden doppelten Moralvorstellung überführen wollte, ertappte mich bei eben der gleichen Doppelmoral.

Nach dem anfänglichen Glück, bei dem ersten Verlag für spezielle Frauenliteratur eine ganze Reihe von Büchern, Fotobänden und Videos gefunden zu haben, passierte eine Weile gar nichts. Es stellte sich mir die Frage, wohin *frau* sich eigentlich wenden soll, wenn sie sich pornographisches Material *von* Frauen beschaffen will. Alle herkömmlichen Pornographie-Anbieter wie Videotheken, Kioske, Sex-Shops und einschlägige Versandhäuser verneinten meine Frage, ob sie ein spezielles Angebot für Frauen hätten. Es fielen natürlich die Namen *Dolly Buster* und *Beate Uhse*, doch mehr als einen interessanten Aspekt der Porno-Branche, dass eine ganze Reihe von Frauen durchaus wichtige Positionen bekleiden, stellen diese Namen nicht dar. Denn die Entscheidungen über ästhetische Umsetzungen und Inhalte werden *von* Produzenten, Kameramännern, Redakteuren etc. *für* die überwiegend männlichen Käufer getroffen.

Eine Weile sah es so aus, als wäre meine Arbeit hinfällig geworden. Dieser Eindruck bestätigte sich noch durch eine Reihe von Interviews, die ich mit vermeintlichen Expertinnen und Experten führte. Das Versandhaus Beate Uhse bescheinigte keinen Bedarf auf dem Markt, Videothekare meinten, die Pornographie stelle doch ohnehin Männer *und* Frauen dar. Da könnten sich interessierte Damen doch auch daran bedienen. Die Besitzerin eines Hamburger Frauen-Erotik-Shops – den es inzwischen nicht mehr gibt – nannte mir zwei Titel eines von ihr favorisierten Porno-Darstellers und vertröstete mich auf eine von ihr geplante Eigenproduktion, für die aber erst noch Geld aufgetrieben werden müsste. Ansonsten gäbe es nichts. Sie hätte das selbst schon recherchiert. Aber sie verwies mich an einen Buchhändler gleich um die Ecke, bei dem sie schon öfter erotische Literatur eingekauft hätte. Dieser erwies sich tatsächlich als erste brauchbare Fährte nach langer Zeit. Er durchstöberte seine Regale und sein Erinnerungsvermögen, drückte mir schließlich zwei Bücher in die Hand und nannte mir zwei weitere Titel, die ich bestellen musste. Nach seiner Auskunft kämen häufiger Frauen, die nach *eindeutiger* Erotik fragten. Frauen würden heute recht offen mit dem Thema umgehen und scheuten sich auch nicht, ihn als Mann darauf anzusprechen, obwohl sie auch seine Mitarbeiterinnen fragen könnten.

Diesen Eindruck hatte ich auch schon gewonnen aufgrund offenherziger Berichterstattungen in Frauenmagazinen, zu deren Lieblingsthemen der freizügige Umgang von Frauen mit ihren sexuellen Phantasien gehört. Da wird von Eröffnungen von Bordellen mit männlichen Prostituierten für Frauen berichtet, vom «Dirty Talk», mit dem Frauen ihren Phantasien Ausdruck verleihen, da wird einer Frauenzeitschrift gar «Das Lexikon der Lust» beigelegt und – es wird von der neuen Lust der Frauen an einer eigenen Pornographie berichtet. «Frauenpornographie» ist plötzlich in aller Munde und zieht sich wie Kaugummi durch die Magazine und Sex-Talk-Shows. Das Thema ist elastisch und kann immer wieder neu aufbereitet werden, das allgemeine Interesse daran scheint sich nicht abzunutzen. Doch eines bietet der Medienrummel nicht: Fakten. Jede Nachfrage bei Verlagen, Redaktionen oder Sendern, wo es denn das viel zitierte Material gäbe, brachte entweder keine Auskunft oder eine Adresse in den USA, von der auch nach mehrmaligem Anschreiben kein Hinweis zu bekommen war. *Frau* ist zwar offensichtlich sehr interessiert und wird darin auch von allen Medien bestätigt, ja geradezu aufgefordert – nur umsetzen kann sie ihre Neugier nicht, es sei denn, sie nimmt monatelange, kostenintensive Recherchen in Kauf.

Kurz vor dem Aufgeben förderte ein Zufall Verborgenes endlich zutage. Ein Frauen-Erotik-Shop in Bremen hatte neben der sonst üblichen großen Auswahl an Dessous und etwas geringeren Auswahl an Sexspielzeug ein großes Sortiment an Büchern, Videos und Fotobänden von Frauen anzubieten. Eine der drei geschäftstüchtigen Unternehmerinnen hatte Anfang der 1990er Jahre mit ihrem Mann eine Produktionsfirma für farbenfrohes Sexspielzeug gegründet, das nun ebenfalls in dem Laden angeboten wurde. Über diesen Erotik-Shop konnte ich erstmals den Kontakt zu einer Produzentin herstellen, die hier die Videos ihres speziellen Frauen-Labels mit eigenen Aufstellern, Prospekten etc. anbietet. Die Materialfülle nahm eindeutig zu. Ich entdeckte einen weiteren Verlag, ein S/M-Magazin, Comic-Zeichnerinnen und Illustratorinnen und verschiedene europäische und amerikanische Versandhäuser und Videoverleihe für Frauen-Erotik und -Pornographie. Dennoch ist das Angebot überschaubar geblieben.

Den krönenden Abschluss meiner Recherche lieferte die –

nach eigenen Angaben – größte Sex-Messe Europas, die im Dezember 1997 erstmals in Berlin stattfand. Die VENUS bietet einen Überblick über das Pornographie-Angebot in Deutschland, wenn auch nicht in ganz Europa, wie der Anspruch der Ausstellungsmacher eigentlich lautet. Alle Namen und Größen dieser Branche sind hier persönlich vertreten und werben für ihre Produkte und vor allem für ihr Image. Die vor Ort geführten Interviews mit Firmenchefs, Produktionsleitern, Kameramännern, Redakteuren, Handelsvertretern, Darstellerinnen und Darstellern ermöglichten schließlich einen detaillierten Vergleich zwischen dem herkömmlichen Markt und dem, was ich damals als Markt für Frauenpornographie bezeichnete.

Im Jahr 2000 war diese Gegenüberstellung noch sinnvoll. Auf der einen Seite stand die quasi-industrielle Massenproduktion der Mainstream-Pornographie mit ihrem ausgefeilten Herstellungs- und Verteilungssystem und den Materialien, die sich vor allem durch ihre krasse und eindeutige Darstellungsweise kennzeichnen.

Auf der anderen Seite versuchten sich einzelne Autorinnen und Produzentinnen mit ihren handwerklichen und maschinellen Kleinserien am Markt zu behaupten. Ihr Interesse galt vor allem, einen eigenen Blickwinkel zu finden, der sich deutlich von der Mainstream-Pornographie unterscheiden sollte. Dieser zeigte sich zum einen in einer dezenten Darstellungsweise, die vor allem die Kontexte betonen und damit einen möglichst großen Spielraum für die Einbeziehung eigener Phantasien einräumen sollte. Zum anderen versuchten die Fotografinnen und Filmemacherinnen, der Utopie der ewigen Wollust eine eigene Authentizität entgegenzusetzen, wobei sie häufig sadomasochistische Elemente und krasse Bilder verwendeten.

Seitdem hat sich einiges verändert. Das Bemühen, sich vom herkömmlichen Markt und *dem* männlichen Geschmack abzugrenzen, ist dem Wunsch nach einer anspruchsvollen Pornographie gewichen. Dabei haben die frauenpornographischen Materialien und die Frauen-Erotik-Shops neue Impulse und Ideen geliefert, die den gesamten Porno-Markt zu verändern beginnen. Obwohl bei allem Bemühen um Qualität die neuen Pornos von Frauen längst noch nicht die ästhetischen Erwartungen anspruchsvoller Kundinnen und Kunden erfüllen, setzen die Shops selbst neue Standards an Service, Kompetenz und auch räumlicher Getaltung für den Porno-Markt.

So gibt es heute zwar immer noch den klassischen Vertrieb mit seinen Billigproduktionen, den Porno-Shops und -Videotheken und vor allem den Kabinenbetrieben. Aber die Zahl der Angebote, die sich an ein anspruchsvolles Publikum wenden, wird immer größer. Dabei hat das wachsende Interesse von Frauen an Pornographie eine Qualitätssteigerung verursacht, auf die auch viele Männer bereits gewartet haben. Die neue Lust der Frauen am Voyeurismus, an anspruchsvollen, kontextgebundenen Pornos, an erotischem Spielzeug, an eindeutiger, inspirierender Literatur etc. braucht heute vielleicht immer noch geschützte Räume und Angebote, um sich voll entfalten zu können. Aber diese Entwicklung mündet mit großer Wahrscheinlichkeit in eine Umstrukturierung des gesamten Porno-Marktes. So wird es in Zukunft wohl eine Aufteilung des Marktes geben in kostengünstige Massenproduktionen und hochwertige Qualitätsprodukte, die sich geschlechtsunabhängig an ein anspruchsvolles Publikum wenden. Belege für diese Entwicklung gibt es bereits jetzt genug. Es kommt heute schon häufig vor, dass klassische Porno-Produktionsfirmen dazu übergehen, ihr Angebot an Massenware durch ausgewählte und aufwendig gedrehte Videofilme zu erweitern. Auch der einstmalige Pionier der Branche, der Beate-Uhse-Konzern, kommt mit seiner neuen Shop-Präsentation («Mel B.») auf den Markt, die vor allem das weibliche Publikum ansprechen soll.

Der herkömmliche Porno-Markt[40]

Seit den 1950er Jahren hat der Pornographie-Markt eine ähnliche Entwicklung vollzogen wie andere Wirtschaftzweige, die aus anfänglich handwerklichen Familienbetrieben über maschinelle Einzelproduktionen zu industriellen Massenproduktionen angewachsen sind. Obwohl in der Porno-Industrie auch heute noch häufig auf eine weitgehende Arbeitsteilung verzichtet wird, ist der moderne Markt für Mainstream-Pornographie durch ein ausdifferenziertes Produktions- und Vertriebssystem gekennzeichnet, das den Markt mit einer breit gefächerten Palette von Massenkonsumartikeln beliefert.

Die pornographischen Materialien, die über die herkömmlichen Vertriebswege des Porno-Marktes angeboten werden, sind vor allem visuelle. Fotos werden als Heftchen im Zeitschriftenhandel von Bahnhöfen und Tankstellen angeboten, sie erscheinen auf ungezählten Internet-Seiten und schmücken die Cover von Video-Filmen. Diese wiederum werden in Sex-Shops und Videotheken angeboten oder laufen als Sequenzen in Videokabinen, in denen der Kunde vor einem Bildschirm Platz nehmen kann, um nach Geldeinwurf aus einem Angebot von bis zu 128 verschiedenen Programmen seine speziellen Vorlieben auszuwählen. Diese Miniatur-Vorführräume haben die klassischen Porno-Kinos bis auf wenige Ausnahmen ersetzt. Eine davon ist die Schweiz, wo es noch richtige Ketten von Sex-Kinos gibt.

Das Umsatzvolumen dieses Marktes mit pro Monat etwa 7 Millionen Vermietvorgängen, etwa 400 Video-Neuproduktionen, ca. 800 verschiedenen Zeitschriften beträgt jährlich in Deutschland geschätzte 600 Millionen Euro. Hinzu kommt noch eine statistisch nicht erfasste Anzahl von Internet-Angeboten, die in ganz Europa im Jahr 2002 angeblich über 3 Milliarden Euro Umsatz verzeichnet haben. Verglichen mit der Zigarettenindustrie, die es im Jahr 2002 allein in Deutschland auf einen Branchenumsatz von 21,6 Milliarden Euro brachte, ist der Markt für Pornographie zwar ein kleiner – aber beständiger. Über Umsatzrückgänge hat sich diese Branche bisher noch nicht beklagt. Allerdings lassen sich in dem fest gesteckten Marktanteil der Porno-Produktionen Gewinnsteigerungen nur noch durch die Senkung der Herstellungskosten und die Erhöhung der Herstellungsfrequenz der Produkte erzielen. Damit fällt aber auch die Qualität der Erzeugnisse. Einerseits wird der Markt also von kostengünstig hergestellten Massenartikeln dominiert. Andererseits stehen diesen Billigprodukten wenige aufwendig und kostenintensiv hergestellte Filme gegenüber, die vor allem dem Image-Gewinn einiger Unternehmen dienen.

So unspektakulär wie diese Fakten ist auch die Porno-Branche. Zahllose Gespräche mit Unternehmern, Produzenten, Regisseuren und auch Darstellerinnen und Darstellern bestätigen das Bild eines kleinindustriellen Geschäftszweiges, der nach den gleichen betriebswirtschaftlichen Regeln funktioniert wie alle anderen Wirtschaftsbereiche auch. Das Glamouröseste, was die Branche zu bieten hat, ist der alljährliche

VENUS-Ball anlässlich der Preisverleihung für die besten Produktionen, Darstellerinnen und Darsteller, Internetseiten etc.

Hier feiert man sich selbst in mehr oder weniger züchtiger Abendgarderobe beim Vier-Gänge-Menü mit Champagner und erlesenen Weinen und einem üppigen Rahmenprogramm, bei dem schon mal die «Wildecker Herzbuben» im Quartett mit den «Weather Girls» die größten Rolling-Stones-Hits zum Besten geben.

Die Porno-Stars

Anlässlich einer solchen Gala zeigt sich viel vom Selbstverständnis der Porno-Darsteller, die sich selbst gern als Stars präsentieren und als solche auch von der Presse wahrgenommen werden. Darüber hinaus ist es der BILD-Zeitung schon eine Schlagzeile wert, wenn Gina Wild auf dem Filmball in München dem bayerischen Ministerpräsidenten Edmund Stoiber vorgestellt wird oder Kelly Trump bei RTL 2 eine Shopping-Sendung moderieren darf. Der Star-Rummel wird ebenso inszeniert wie bei den Schauspielern der «seriösen» Genres, und so gibt es auch einen Porno-Oscar, den «Hot d'Or», der jedes Jahr bei den Filmfestspielen in Cannes vergeben wird.

Die Welt der Porno-Stars erscheint unkompliziert, voller Spaß und guter Laune und verheißt schnelles Geld für einen leichten Job. Tatsächlich sind es aber nur wenige, die es in die Schlagzeilen der Klatschblätter schaffen und ein wenig Ruhm in ihr privates Leben hinüberretten können. Für die anderen ist das Dasein als Porno-Darsteller schweißtreibende Arbeit, verbunden mit einem unregelmäßigen Einkommen. Die Anforderungen an die Mitwirkenden in Porno-Filmen sind hoch. Zeit ist Geld, und wenn eine teure Location gemietet wird, dann müssen die Drehtage voll ausgenutzt werden, was durchaus heißen kann, zehn, zwölf Stunden vor der Kamera zu agieren, dabei immer stöhnen, immer präsent sein und akrobatische Verrenkungen machen, damit die Kamera alles sieht. Von der geforderten Gelenkigkeit und Belastbarkeit der Frauen einmal abgesehen, ist der Job für Männer noch anstrengender, denn während die Frauen so tun können als ob und mit literweise Gleitmitteln ihre Lust optisch vortäuschen können, müssen Männer hart werden und es über lange Zeiträume bleiben, zumindest solange die Kamera die Genitalien im Detail zeigt.

Es bedarf für die Berufswahl zur Porno-Darstellerin oder zum Porno-Darsteller also vor allem hervorragender körperlicher Kondition, besonderer optischer Reize, einer ordentlichen Portion Exhibitionismus und Schamlosigkeit und natürlich einer gewissen Überzeugungskraft. Über den jeweiligen Grund, sich für eine Laufbahn in der Porno-Branche zu entscheiden, kann nur spekuliert werden. Aber eines ist sicher: Es handelt sich bei diesem Metier um einen Arbeitsmarkt, der sich wie jeder andere auch durch Angebot und Nachfrage reguliert und sich dadurch auszeichnet, dass Frauen hier besser bezahlt werden als Männer.

Der «andere» Markt – wo findet frau was?

Während sich das Angebot des herkömmlichen Porno-Marktes in den letzten Jahren langsam zu verändern begann, konnten sich seit den 1990er Jahren einige Alternativen zum Mainstream-Geschäft etablieren. Aus der ursprünglichen Idee von speziellen Erotik-Läden für Frauen sind mittlerweile im Zuge dieser Entwicklung eine ganze Reihe von Angeboten entstanden, die sich grundsätzlich an ein anspruchvolles Publikum richten. So gibt es heute immer mehr kleine Produktionsfirmen, die besondere Vorlieben bedienen, Verlage, die sich auf erotische und pornographische Veröffentlichungen spezialisiert haben, Internet-Seiten, Life-Shows, Salons – und natürlich immer noch die Frauen-Erotik-Shops, die ihre Türen meist auch für interessierte Männer öffnen. Obwohl all diese Angebote unter den Begriff Erotik fallen, ist die Grenze zum Pornographischen fließend. Wenn wir uns noch einmal in Erinnerung rufen, dass Pornographie die detaillierte Darstellung sexueller Phantasien meint, dann wird deutlich, dass der Begriff Erotik häufig zur Beschönigung dessen verwendet wird, was durchaus auch pornographisch genannt werden dürfte. In diesem Sinne gibt die nachfolgende Auswahl einen Einblick in die vielfältigen Angebote rund um die Themen Erotik und Pornographie.

«For Ladies» – Erotik-Shops für Frauen

Sam Roddick, die Tochter der Body-Shop-Gründerin Anita Roddick, sorgte Anfang 2002 im Londoner Vergnügungsviertel Soho für öffentliches Aufsehen, als sie auf riesigen Plakatwänden für die Eröffnung der ersten Filiale ihrer «Coco de Mer Erotic Shops» werben ließ. Die Plakate zeigten die Gesichter junger Menschen kurz nach einem Orgasmus.

Die Wochenzeitschrift «Der Spiegel» pries Sam Roddicks neuen Shop mit folgender Beschreibung an:

> Ihr Geschäft in der Nähe von Covent Garden wirkt mit seinen Holzdielen, dem rot-violetten Interieur, den großen Schaufenstern und den sanften Duftstoffen in der Luft wie eine Mischung aus Edelboutique und Sex-Galerie. Vor allem solvente Frauen sollen sich von dem Laden der Luxusklasse anlocken lassen.[41]

Tatsächlich funkeln Designer-Dildos in den Glasvitrinen neben zarten Dessous, teurem Körperpuder und Lotionen. Dazu gibt es ein paar Lederstrapse, einige Bildbände und Taschenbücher, präsentiert im schummrigen Licht eines Möchtegern-Boudoirs. Der Laden ist nett, aber harmlos.

Für wen es ein wenig mehr sein darf, der sollte sich einmal in einem der zurzeit elf deutschen Erotik-Shops umsehen, die nicht nur eine umfangreiche Auswahl zu bieten haben, sondern auch ein offenes, einladendes Ambiente und kompetente Beratung.

Wer den Bremer Laden «For Ladies» betritt, der wird bei einem Kaffee oder Sekt zum Verweilen in der Vielfalt erotischer Möglichkeiten eingeladen. Christine Meise hatte den ersten norddeutschen Erotik-Shop als Nikolausüberraschung am 6. Dezember 1994 zunächst am Rande der Bremer Innenstadt mit zwei Mitstreiterinnen eröffnet. Seitdem ist der Shop ebenso zur Institution geworden wie beispielsweise Regina

Thörens «Lady's Toys» in Köln oder Sandra Maravolos «Inside Her» in Frankfurt am Main. Obwohl das Konzept dieser Läden in erster Linie auf Frauen ausgerichtet ist, gehören Männer ebenso zur Kundschaft, die das umfangreiche Angebot an Dessous, Abendmode, Sex-Toys, Lack und Leder sowie erotischer und pornographischer Literatur, Filmen und Kunst zu schätzen wissen.

Das Beispiel von Christine Meises «For Ladies» zeigt deutlich, wie sehr die Nachfrage und das Selbstverständnis der neuen Erotik gestiegen ist. Heute residiert die geschäftstüchtige Bremerin in bester Lage in einem großen, hellen Laden mit drei Schaufensterfronten und erfreut sich eines stetigen Umsatzwachstums. Zu ihrem Erfolgskonzept gehören inzwischen auch zusätzliche Angebote wie eine Liebesschule für Paare und der erotische Salon, der jeden letzten Donnerstag im Monat nur für Frauen stattfindet.

Erotische Salons

Nicht nur in Bremen lebt die Salonkultur wieder auf. Während Literatur- oder Kunstzirkel schon seit längerem wieder einen festen Platz im kulturellen Leben der Großstädte erobert haben, wird heute das Thema Sex immer häufiger zum Anlass für ein abendliches Treffen von Gleichgesinnten. So facettenreich wie die Erotik sind auch die Angebote erotischer Salons. Während die Bremerinnen einmal im Monat auf erotische Entdeckungsreise gehen und mit maximal 25 Teilnehmerinnen Themen wie die weibliche Lust, pornographische Filme, Tantra-Massage oder Federn und Streichelpeitschen erkunden können, findet der Berliner Salon «Erotisches zur Nacht» seit 1998 jeden Donnerstagabend statt und ist für alle geöffnet. Etwa 50 Gäste finden sich Woche für Woche im Berliner Café «... an einem Sonntag im August» am Prenzlauer Berg ein und lassen sich dort von den Stimmen der sieben festen Vorleserinnen und Vorleser anregen. Der Veranstalter Krischan Schöninger überlässt dabei den Vortragenden die Auswahl der Texte, die mal zart und verführerisch, mal drastisch, mal pornographisch sind.

Ein ganz anderes Angebot finden Interessierte in Laura Méritts Salon ebenfalls in Berlin, der jeden Freitagnachmittag nur für Frauen geöffnet ist. Laura Méritt hatte Mitte der 1980er Jahre mit ihren «Sexclusivitäten» den ersten Frauen-Erotik-Shop in Deutschland als so genannten Bauchladen gegründet. Heute füllt der Laden ein Zimmer ihrer sonnigen Kreuzberger Wohnung aus, wo sich die größte Auswahl an Sex-Toys und erotischen und pornographischen Filmen auf engem Raum findet. Jeden Freitag können Frauen in diesem reichhaltigen Angebot stöbern, sich fachkundig von Laura beraten lassen, gemeinsam einen Film ansehen und sich miteinander austauschen. In dieser geschützten Atmosphäre fallen so manche Tabus, und auch intime Fragen können offen gestellt und beantwortet werden.

«Dream-Boys», Liebes-Bisse und Striptease

Während viele spezielle Angebote für Frauen mehr und mehr abgelöst werden von einer Auswahl für ein anspruchvolles Publikum überhaupt, gibt es neben den obigen Beispielen einer erotischen Salonkultur für Frauen auch noch einen anderen geschützten Rahmen, in dem Frauen sich ihren sexuellen Phantasien widmen können: der Men-Strip.

Dass Voyeurismus kein männliches Phänomen ist, beweisen die Begeisterungsstürme entfesselter Frauen, die beim Entblößen muskulöser Männerkörper die gesellschaftlichen Zwänge des so genannten weiblichen Anstands fallen lassen. Jede Frau, die sich schon einmal in einen solchen Kessel brodelnder weiblicher Lust hineinbegeben hat, weiß, welche Kraft den sexuellen Phantasien von Frauen innewohnt. Dabei spielt es kaum eine Rolle, ob sich die strippenden Männer «California Dream Boys» nennen und große Konzert-Säle füllen, oder ob es die Stripper einer kleinen Tanzgruppe sind, die in einer Dorfkneipe auftreten. Hauptsache, die Jungs sind knackig, können sich bewegen und haben etwas zu zeigen.

Nach einem ähnlichen Muster funktionieren auch die zahlreichen Life-Shows, die im Rahmen von Sex-Messen gezeigt werden. Hier gibt es kleinere Veranstaltungen, die von Stadt zu Stadt wandern, oder eben die bereits beschriebene Erotik- und Porno-Messe, VENUS, die einmal jährlich im Spätherbst in Berlin stattfindet. Neben einem umfassenden Angebot an Porno-Produktionsfirmen, Sex-Toys und pornographischer Kunst bieten diese Messen auch aufwendige Bühnenshows, in denen alles gezeigt wird: vom Strip, über Tantra-Sex, S/M-Spiele und Tanz-Shows bis hin zu Life-Sex. Bei so vielen nackten Tatsachen kann es schon sinnvoll sein, eine gezielte Auswahl zu treffen, um nicht übersättigt zu werden.

Genau aus diesem Grund bietet die Verlegerin Claudia Gehrke mit ihrem Programm «Love Bites» – was mit Liebes-Häppchen oder auch Liebes-Bisse übersetzt werden kann – eine individuell gestaltete Show an. Die jeweiligen Veranstalter können aus dem gesamten Programm-Angebot eine eigene Revue zusammenstellen. Geboten werden zum Beispiel Lesungen aus dem Verlagsprogramm, erotische Chansons, die Fotografin und ihr Akt-Modell oder die gnadenlose Strip-Show von Drag-King[42] und Diva Bridge Markland. Im Vergleich zu den Shows der Sex-Messen sind diese dargestellten Phantasien eher verhalten als pornographisch. Ob sie erotisch sind, ist eine Frage des Geschmacks, die sich vielleicht auch bei den freizügigen Veranstaltungen des Kitkat-Clubs stellt. Der S/M-Meister Simon Thaur, der den Club mit seiner schönen Freundin leitet, ist der Herrscher über dieses hedonistische Reich, das den (sexuellen) Genuss zum Sinn und Zweck des menschlichen Handelns erklärt. Bei den hier stattfindenden Partys geht es um mehr als nur ums Flirten. Techno-Beats und eine Kleiderordnung, die vor allem die Enthüllung fordert, sollen heiße Nächte garantieren, in denen auch Sex in der Öffentlichkeit ausgelebt werden kann.

Während diese Veranstaltungen in zumeist großem Rahmen stattfinden, gibt es auch noch eine besondere One-Woman-Show mit einem mutigen Programm. Die ehemalige Kostümbildnerin Viola Voigt arbeitet heute unter dem Pseudonym «Ihre Frau Feucht» als «erotic counsellor», also als Beraterin in Sachen Erotik. Ihr Angebot reicht von Striptease-Seminaren, Begleitservice und Beratung im Bereich Sadomasochismus bis hin zu eigenen Strip- und Tanz-Shows, bei denen ihr kurvenreicher Körper eine Menge Sex verspricht und damit die Phantasien anheizt.

Vorreiterinnen eines etwas anderen Verlagswesens

Um sexuelle Phantasien geht es auch in den Veröffentlichungen von Claudia Gehrkes konkursbuch verlag, dem seitenblick Verlag Bettina Tegtmeiers oder der Erotik-Reihe des Wunderlich Taschenbuch Verlags, die mit ihren erotisch-pornographischen Romanen vor allem in den Bahnhofsbuchhandlungen angeboten werden, ebenso wie die Erotik-Reihen der Verlage Goldmann und Heyne.

Der seitenblick Verlag tritt dagegen hauptsächlich als Versandhandel auf. Die Taschenbücher mit den schwarzen Umschlägen werden aber ebenso an spezielle Buchläden ausgeliefert, deren Angebot auch S/M-Literatur und Pornographie umfasst. Im Februar 1996 sattelte die aus dem Esoterik-Bereich stammende Verlegerin um und bietet seitdem ein Forum für erotische Literatur und anspruchsvolle Pornographie. Eher zufällig spezialisierte sich Bettina Tegtmeier dabei auf den S/M-Bereich. Weil sich ihre ersten beiden Publikationen mit diesem Thema auseinander setzten, hat die engagierte Verlegerin seitdem hauptsächlich Manuskripte mit sadomasochistischen Phantasien erhalten, die sie bis heute erfolgreich vermarktet.

Die Pionierin auf dem Gebiet erotischer und pornographischer Veröffentlichungen ist aber mit Sicherheit Claudia Gehrke, die 1978 ihren Versandbuchhandel als konkursbuch verlag gründete. 1980 startete sie mit der erotischen Jahres-Reihe «Mein heimliches Auge», die nun schon über zwanzig Mal erscheint und sich als einziges Periodikum zum Thema Erotik behauptet hat. Seitdem liegt einer der Schwerpunkte des Verlags in diesem Bereich. Neben Romanen, Kurzgeschichten und Fotobänden sind bei Claudia Gehrke aber auch die Video-Produktionen der wenigen deutschen Filmemacherinnen erhältlich, die sich mit dem Thema Pornographie beschäftigen.

Die Künstlerinnen Krista Beinstein, Cléo Uebelmann, Marlon Shy oder Manuela Kay haben vor allem in den 1990er Jahren mit dem Genre Pornographie experimentiert und eine Reihe von ungewöhnlichen Video-Filmen produziert, die fast alle im konkursbuch verlag erhältlich sind.

Neben diesen experimentellen Produktionen gibt es aber auch Firmen, die sich auf ein Angebot für anspruchsvolle Pornographie spezialisiert haben.

Zusammen mit ihrem Mann gründete Melanie Crupa 1995 das Label «femme fatal», für welches die ungewöhnliche, dunkelhaarige Frau mit der rauchigen Stimme sowohl vor als auch hinter der Kamera verantwortlich ist. Bis heute sind etwa 20 Video-Produktionen entstanden, die letzten davon mit dem blonden Vamp Sylvie Rauch. Die Porno-Darstellerin hatte Ende der 1990er Jahre der herkömmlichen Branche den Rücken gekehrt, um künftig in den Filmen von «femme fatal» mitzuwirken, deren ausdrückliche Vorgabe es ist, dass die Mitwirkenden vor der Kamera nur das tun, was ihnen auch Spaß macht. Um das zu erreichen, verzichten Melanie Crupa und ihr Team weitgehend auf Regieanweisungen und überlassen den Darstellern die Choreographie.

Ganz so weit geht die Holländerin Helen Duval mit ihrer Produktionsfirma HDV (Helen Duval Visuals) nicht. Die hoch gewachsene, selbstbewusste Frau, die auch schon einmal eine Rolle in Detlev Bucks Kinofilm «Knocking on Heavens Door» übernommen hat, ist nicht nur eine knallharte Geschäftsfrau, die sich seit Anfang der 1990er auf dem Porno-Markt behauptet, sondern sie ist auch eine überzeugende Darstellerin, die in fast allen ihren Filmen eine Hauptrolle spielt.

Obwohl ihre Firma den herkömmlichen Markt beliefert und auf jedem Video auch die üblichen Cum Shots (Großaufnahme eines ejakulierenden Penis), Stellungswechsel und Detailaufnahmen zu sehen sind, unterscheiden sich Helen Duvals Produktionen dennoch vom Standard. Jeder ihrer Filme wird an einem ungewöhlichen Ort gedreht, etwa in einer Pariser Stadtvilla, einem Strandhaus in Kalifornien oder einem englischen Cottage. Bei den Drehs herrscht eine entspannte Stimmung, was die Mitwirkenden in den Filmen auch ausstrahlen. Obwohl weder die Storys noch die Nachsychronisation Spielfilmqualität haben, sind Helen Duvals Filme ebenso charmant wie sie selbst.

Richtige Spielfilme werden dagegen von der US-amerikanischen Regisseurin Candida Royalle und ihrer Produktionsfirma «femme productions» angeboten, die in Deutschland allerdings nur in Originalfassung oder mit holländischen Untertiteln erhältlich sind. Aber wer ein wenig Englisch beherrscht, kann den eingängigen Storys leicht folgen, die weniger durch ausgefeilte Handlungsstränge überzeugen als vielmehr durch gute darstellerische Leistung und professionelle Kameraführung und Beleuchtung.

Deutlich einfacher sind dagegen die Videos der Berliner Firma «Inflagranti» gestrickt. Hier wird auf das Erzählen einer Geschichte ganz verzichtet. Stattdessen reihen die Episoden ganz schnörkellos sexuelle Phantasien aneinander und dienen damit eher dem schnellen Konsum.

Wer es authentisch mag, der wird vielleicht bei den extremen Filmen des Kitkat Clubs fündig. Die Aufnahmen wirken meist wie ein verbotener Blick durchs Schlüsselloch auf S/M-Szenerien, Orgien im Club, Exhibitionismus auf Berlins Straßen oder auf Fäkalien-Spiele als unausweichlicher Bestandteil von Unterwerfungsgeschichten, in denen meist Simon Thaur die dominante Hauptrolle spielt.

Der Sündenfall im Fernsehen

Die Zeiten sind vorbei, in denen sich das deutsche Fernsehpublikum gleich drei Erotik-Sendungen pro Woche ansehen konnte. Das Magazin «peep!» auf RTL 2 wurde bereits 1999 eingestellt, nachdem es zwei Jahre zuvor noch Kult-Status genossen hatte, als Verona Feldbusch mit ihrem eigenwilligen Verständnis der deutschen Sprache die Studiogäste fragte: «Und wie war dein erstes Mal?»

«Liebe Sünde» auf VOX hielt immerhin bis 2001 durch, bis die Sendung mitsamt der Moderatorin Mo Asumang ausrangiert wurde.

Allein «Wa(h)re Liebe», ebenfalls auf VOX, ist immer noch auf Erfolgskurs mit wöchentlich bis zu einer halben Million Zuschauer. Moderiert von der alterslosen Transvestit-Dame Lilo Wanders erzählen jede Woche ein bis zwei Studiogäste von ihren neuen Erkenntnissen zum Thema Sexualität, Erotik oder Pornographie. Es werden erotische Geschichten vorgelesen, im Lauf der Sendung lässt ein Tänzer seine Hüllen fallen, und natürlich gibt es die heißesten Tipps zu Swinger-Clubs, zum Nightlife verschiedener Großstädte und alles Wissenswerte über Sex für Schwule, Lesben und Normalos.

Seit RTL und PRO 7 Konventionalstrafen zahlen mussten wegen der Ausstrahlung angeblich pornographischer Filme, sind auch die Zeiten mitternächtlicher Sex-Filmchen vorbei. Stattdessen gibt es aber jetzt den Sender BEATE UHSE TV (BUTV), der allerdings nur über das Pay-TV-Programm

PREMIERE zu empfangen ist. Im März 2001 startete dieser Kanal mit dem Anspruch, die deutsche Fernsehlandschaft zu verändern. Es sollte ein Hochglanz-Programm werden, mit dem Ziel, vor allem Frauen mit eigenen Magazinen, Casting-Shows, knackigen Männern und Frauen zu begeistern. Und die Grenze zur Pornographie sollte neu gezogen werden, weil die Codierung des Programms ab 22 Uhr einen effektiven Jugendschutz gewährleisten sollte. Viel ist von diesen Vorhaben nicht übrig geblieben. Bei den Filmen, die der Sender zeigt, handelt es sich um geschnittene Porno-Produktionen meist aus den USA, die in möglichst jugendfreie Geschichten um verheiratete Paare umsynchronisiert werden müssen, um vor den deutschen Medienanstalten bestehen zu können. Die Eigenproduktionen von BUTV bewegen sich auf dem Billig-Niveau des Porno-Marktes, und innovative Einfälle sucht der Zuschauer in der Programmgestaltung vergebens. Aber immerhin gibt es einen solchen Sender, zumindest für ein zahlungskräftiges Publikum, das sich die Gebühren fürs Pay-TV leisten kann.

Paradiesisches im Internet

Alle oben genannten Beispiele sind auch mit ihren Websites im Internet vertreten als Ergänzung zu ihren sonstigen Angeboten.

Es gibt aber auch Erotik-Seiten, die für sich allein stehen. Damit sind natürlich nicht die vielen Porno-Offerten gemeint, die sich hinter «Geilen Stuten», «dicken Möpsen» oder «strammen Schäften» verbergen. Zu den anspruchsvollen Angeboten zählen vielmehr Seiten wie zum Beispiel «Erotisches zur Nacht», «Evas Paradies» oder die Internet-Autorin Anaiss, die mit erotisierender Sprache ganz unverblümt in allen Arten sexueller Phantasien schwelgt und auf der Site www.anaissonline.com auch ein wenig über sich selbst verrät.

«Evas Paradies» nennt sich ein Versandhandel für Erotisches und Pornographisches, der ausschließlich übers Internet (www.evas-paradies.de) erreichbar ist und auf schön gestalteten Seiten ein gutes Angebot vorstellt.

Am gelungensten ist allerdings die Site www.EROZUNA.de, die Abkürzung für «Erotisches zur Nacht», denn hier gibt es nicht nur Geschichten und Fotos, sondern auch vorgelesene Texte, die man sich anhören kann.

Wenn der Postbote klingelt ...

Obwohl bei den meisten Frauen-Erotik-Shops, den Verlagen und den Erotik-Websites auch bestellt werden kann, existiert in Deutschland bis heute kein einziger Versandhandel für Pornographie, auch wenn viele Leute den Beate-Uhse-Versand für einen solchen halten. Angeboten werden in den Uhse-Katalogen aber nur Dessous, Sex-Toys und Erotika mit einer Altersfreigabe ab 16 Jahren, sodass alle echten Pornos hier nur in gekürzten Fassungen und ohne explizite Szenen angeboten werden. Der Grund liegt in den bereits geschilderten Bestimmungen der Pornographie-Gesetze, die trotz der Neuerungen bis heute jedes Versandgeschäft mit pornographischen Materialien verhindert haben.

Die Beispiele des holländischen Anbieters «Male and Female» oder der US-amerikanischen Versandhäuser «Good Vibrations» und «Eve's Garden» (bereits seit 1974) zeigen, wie es sein könnte, wenn sich der entspannte Umgang mit der Pornographie auch bei uns schon völlig durchgesetzt hätte. «Male and Female» wirbt mit wunderschönen Foto-Katalogen für ihre Dessous und sonstigen Angebote. Die US-Versandhäuser bevorzugen dagegen fröhlich-bunte Kataloge mit detaillierten Beschreibungen aller Produkte samt Inhaltsangaben der angebotenen Pornos.

Aber die Entwicklung wird sich auch hierzulande nicht aufhalten lassen. Und so erwarten wir mit Spannnung die ersten deutschen Kataloge, um unsere sexuellen Phantasien beflügeln lassen zu können.

Gute Pornos – eine persönliche Empfehlung

Im unübersichtlichen Dschungel von Billigproduktionen ist es schwierig, einen anspruchsvollen Geschmack zu befriedigen und zwar für Frauen und Männer gleichermaßen.

Aber zumindest einige Materialien gibt es, die mehr Lust als Frust hervorrufen. Dazu gehören auch die oben bereits vorgestellten literarischen Werke, die im Anhang noch einmal aufgelistet sind. Um den vielen Worten auch noch Bilder hinzuzufügen, sei an dieser Stelle auf ein paar visuelle Werke hingewiesen, die sich durch ihre Ästhetik, die erzählten Geschichten oder auch schauspielerischen Leistungen der Darstellerinnen und Darsteller von pornographischen Massenprodukten unterscheiden.

Gemeint sind zum Beispiel die bereits genannten Fotobände von Claude Alexandre, Krista Beinstein und Alexandre Dupouy, die ungewöhnlichen Arbeiten des Fotografen Dahmane, Video-Filme von Andrew Blake, Helen Duval, Paul Thomas und Candida Royalle oder die Comics von Eric Stanton.

Ob die hier ausgewählten Beispiele gefallen, hängt natürlich von den Vorlieben jeder/jedes Einzelnen ab. Und wie schon oben festgestellt, ist es nicht unbedingt ein Zeichen schlechten Geschmacks, wenn sich jemand für einen kleinen Quickie mit irgendeiner Szene aus einem mittelmäßigen Porno entscheidet. Wer aber grundsätzlich Wert auf ein besonderes Ambiente, gut gebaute Darstellerinnen und Darsteller und verführerische Ansichten legt, die die Phantasie anregen, kann sich zumindest auf eine persönliche Entdeckungsreise begeben.

Zunächst aber will ich einige Anmerkungen machen zu den französischen Skandal-Werken, die in den letzten Jahren für Aufsehen sorgten.

Die französische Skandalpornographie zwischen Trash und Qualität

Pornographie hat in Frankreich Tradition mindestens seit den subversiven Schriften des berühmten Marquis de Sade. Vielleicht ist das der Grund dafür, dass besonders französische Autorinnen und Filmemacherinnen mit ihren Werken die Grenzen zur Pornographie im hier definierten Sinne überschreiten. Catherine Breillat mit ihrem Film «Romance» (1999), Virginie Despentes' «Baise-moi» (Fick mich, 2000), «Das sexuelle Leben der Catherine M.» (2001) von Catherine Millet oder der Roman «Inzest» (2001) von Christine Angot: Sie alle bedienen sich pornographischer Elemente, um ihre Geschichten zu erzählen. Dabei rückten besonders «Baise-moi» als pseudodokumentarische Milieu-Studie und «Inzest» als Autobiographie ins Zentrum der Diskussion, weil die sexuellen Darstellungen so realistisch und wahrhaftig sind, dass sie als dokumentarisch missverstanden wurden. Mit der gleichen Grundannahme wurde auch Catherine Millets Roman diskutiert.

Die Inhalte dieser Werke drehen sich vor allem um Sex und Gewalt in den unterschiedlichsten Variationen. Da ist zum Beispiel die Heldin des Films «Romance», Marie, die mit Paul zusammenlebt, einem selbstverliebten Fotomodell. Er verweigert sich einer sexuellen Beziehung mit Marie und ihrem Wunsch nach einem Kind. Also macht sie sich auf die Suche nach ihrer eigenen sexuellen Identität. Dabei lässt sich Marie fesseln und unterwerfen, gibt sich dem Porno-Star Rocco Siffredi hin. Am Ende ist sie schwanger und sprengt ihren Lebensgefährten in die Luft.

In dem Film «Baise-moi» müssen sogar reihenweise Männer sterben, brutal ermordet von dem Duo Nadine und Manu. Am Anfang sind beide jungen Frauen die Opfer männlicher Gewalt. Sie schließen sich zusammen, klauen Geld und begeben sich gemeinsam auf die Flucht. Es ist ein Weg voller Sex und Gewalt, von dem es für die beiden Frauen kein Entkommen gibt.

Auch für die Ich-Erzählerin aus dem Roman «Inzest» gibt es kein Entrinnen. Sie erzählt ihre Geschichte in allen Details, damit am Schluss «alle verstanden haben, warum ich verrückt geworden bin». Angots Heldin bewältigt die Bessenheit von einer lesbischen Affaire und konfrontiert die Leser mit der sexuellen Beziehung zu ihrem Vater. Sie ist vierzehn, als sie ihn kennen lernt, fasziniert von seiner Bildung, Eleganz und Weltgewandtheit. Der Vater lädt sie in die besten Restaurants ein und lässt sie Clementinen von seinem erigierten Penis essen. Mit sechzehn erfahren ihr Freund und die Mutter davon. Es kommt zum Bruch, gefolgt von Intermezzi mit Pierre und Claude und schließlich einer Psychoanalyse. Doch sie will den Vater wiedersehen. Diesmal ergreift sie die Initiaitve bis zum endgültigen Bruch mit dem Vater, der inzwischen an Alzheimer erkrankt ist.

Ebenso wie Angots Ich-Erzählerin entblößt sich auch Catherine Millet in der Nacherzählung ihres sexuellen Lebens, das aus einer scheinbar endlosen Folge emotionsloser Begegnungen mit den Schwänzen fremder Männer besteht. Im Gegensatz zu Christine Angots attackierender Sprache, die ihr Unwesen in Anekdoten und Wortspielen treibt und weder vor Umgangssprache noch vor Angriffen auf den Leser zurückschreckt, bleibt Millet immer distanziert. Gefühllos berichtet sie vom Immergleichen in den Variationsmöglichkeiten der sexuellen Stellungen.

Sprache und Bilder sind so detailliert und krass wie in den Pornos, aber sie erzählen keine sexuellen Phantasien, in denen die Rezipienten in eine Welt der sexuellen Utopie eintauchen können. Es werden vielmehr pornographische Versatzstücke benutzt, um sich mit einem ganz anderen Thema auseinander zu setzen. Den Autorinnen und Filmemacherinnen geht es um die Frage, wie sich Sexualität und weibliche Identität verbinden lassen, sich vielleicht sogar gegenseitig bedingen oder am Ende einander ausschließen. Eine Antwort findet sich allerdings in keinem der Werke, die im besten Fall verstören, zum Nachdenken anregen oder auch nur anekeln wie die Blut- und Sex-Orgie in «Baise-moi».

Interessanterweise ist es gerade ein Mann, der eine mögliche Auflösung anbietet. In seinem Film «Intimacy» (Intimität, 2001) beschreibt der französische Regisseur und Drehbuchautor Patrice Chéreau die sexuelle Affaire zwischen Claire und Jay. Sie ist eine mittelmäßige Schauspielerin, verheiratet und hat einen Sohn. Er hat vor einem Jahr seine Frau verlassen, die ihm Beziehungsunfähigkeit vorwarf. Als Musiker gescheitert, arbeitet er in London als Barkeeper und wohnt in einem verkommenen Reihenhaus. Jeden Mittwoch gegen 14 Uhr besucht ihn die junge Frau, von der er nichts weiß, deren Namen er nicht einmal kennt. Er öffnet die Tür, im Eintreten reißen sie sich bereits die Kleider vom Leib und fallen wortlos übereinander her. Der Film beginnt mit einer drastischen Sexszene, die alles zeigt, die Körpersäfte, den erigierten Penis, das gefüllte Kondom. Es ist die Dokumentation eines kurzen, schnellen Ficks in einem schmutzigen Raum mit zwei Menschen, deren sexuelle Ausdünstungen man förmlich zu riechen vermeint. Die beiden haben Sex miteinander, nicht mehr und nicht weniger. Doch Jay beginnt, sich für die Frau zu interessieren und folgt ihr eines Tages bis zu einem kleinen Kellertheater, in dem sie auftritt. Er lernt ihren Mann kennen, den sie nicht liebt, der sich aber sicher ist, dass sie immer wieder zu ihm und dem Sohn zurückkehrt. Mit diesem Eintreten in ihr Privatleben hat Jay ein Tabu gebrochen. Er ist in Claires Intimsphäre eingedrungen. Als er von ihr auch noch Verbindlichkeit einfordert und seine Wohnung aufräumt, verlässt sie ihn, weil er die Regeln des Spiels zwischen ihnen gebrochen hat.

Chéreau erzählt in kargen Bildern, die zu genau hinsehen. Die Figuren sind nackt, ungeschminkt und so echt, dass es fast unerträglich ist, ihnen beim Sex zuzusehen. Die Kritik beurteilte den Film damals als trostlos, da er sowohl die Charaktere als auch die Zuschauer ohne Hoffnung entlässt.

Es gibt aber auch noch eine andere Lesart dieses Stoffs: In dieser Geschichte geht es nicht nur um Intimität zwischen zwei Menschen, sondern auch um die sexuelle Identität einer Frau, die sich eingerichtet hat in der Zufriedenheit ihres kleinen Lebens, die sich arrangiert hat mit ihrem Dasein als Ehefrau, Mutter, Schauspielerin und Geliebte. Anstatt zu scheitern an diesen vier Rollen auf der gleichen Bühne, hat Claire sich die Freiheit genommen, einen Schauplatz zu verlegen. Sie stellt weder ihre Familie noch ihren Beruf in Frage, aber sie besteht auf ihrem Recht auf sexuelle Selbstbestimmung, die sie nicht bereit ist unterzuordnen, nicht für ihren Mann, nicht für den Liebhaber.

Claires Lebensentwurf ist radikal feministisch und utopisch zugleich, weil diese Frau das Recht einfordert, Bedingungen stellen zu dürfen und frei zu sein. Dabei sind es nicht die gesellschaftlichen Normen, die den Rahmen für ihr Leben bilden, sondern die von Claire definierten Grenzen. Claires Mann ist in diesem Konzept nicht der Betrogene. Er hat ihre Regeln akzeptiert und damit eine Entscheidung getroffen. Der eigentliche Verlierer ist Jay, der seine eigene Familie verlassen hat, mit Claire vielleicht einen neuen Versuch wagen möchte und sich nicht mit der Rolle des Liebhabers abfinden kann. Claire selbst kennt die eigenen Grenzen und verlässt Jay, weil es ihr nie um Intimität ging, sondern um Sex. Auch das ist ein radikaler Standpunkt, der sonst den Männern vorbehalten ist, nämlich Sex und Liebe voneinander zu trennen. Claire erobert sich das Recht auf das Ausleben ihrer eigenen Lust. Damit ist dieser Film ein besonders prägnantes Beispiel für die neue Lust der Frauen, und das obwohl – oder gerade weil er von einem Mann inszeniert wurde.

Patrice Chéreaus Film «Intimacy» erzählt keine trostlose

Geschichte. Er verbindet weibliche Identität und Sexualität zu einem Konzept, das neue Perspektiven für die Beziehungen zwischen Männern und Frauen eröffnet, weil er die verschiedenen Ebenen von Intimität trennt. Das Wort selbst bezeichnet sowohl die Vertrautheit als auch die Geschlechtlichkeit. Chéreau widerspricht der Norm, dass diese sich immer in dem gleichen Partner zusammenfinden müssen.

Ob Jay diese Erkenntnis am Ende versteht, bleibt offen, aber er muss nicht sterben für seinen Wunsch, (sexuelle) Macht über Claire zu gewinnen. Auch das ist tröstlich.

Im Vergleich dieser Werke wird deutlich, dass sich weder Chéreau noch die vorher genannten Autorinnen und Regisseurinnen mit dem Thema Pornographie inhaltlich auseinander setzen. Das Genre Pornographie ist für sie tatsächlich nichts weiter ist als ein drastisches dramaturgisches Mittel, um die Aufmerksamkeit des Publikums auf ihre jeweilige Suche nach der weiblichen, sexuellen Identität zu lenken. Die unerbittlichen Bilder kopulierender Menschen mögen dabei schockieren, aber sie schärfen auch den Blick und zwingen zum Hinsehen. Die Funktion von Pornographie erfüllen sie dabei aber eben nicht. Deshalb kann ich diese französischen Werke nicht wirklich als Beispiele einer neuen, anspruchsvollen Form von Pornographie empfehlen.

Die literarische Welt der Pornographie

Wer an Pornos denkt, meint vor allem die vielen Fotos und Videos, die die voyeuristische Lust ihrer Konsumenten befriedigen. Bücher haben dagegen zwei entscheidende Vorteile: Sie können überall mit hingenommen werden, und der Umweg über die Sprache fördert den Einsatz der eigenen Phantasien. Deshalb dürfen die geschriebenen Pornos auch dezenter und blumiger sein. Die Umsetzung in scharfe Bilder liefert unser Kopfkino ganz nach eigenem Geschmack dazu.

Die vielen Zitate des vorangegangenen Kapitels haben vielleicht schon Lust aufs Weiterlesen gemacht. Wer sich weiter in die unkomplizierte Welt sexueller Abenteuer hineinfallen lassen möchte, der sollte sich auf keinen Fall die Geschichten von Anne-Marie Villefranche entgehen lassen. Im Paris der 1920er Jahre begegnen sich Flaneure, Kokotten, reiche Witwen, Charmeure und gelangweilte Ehefrauen, um sich mit der schönsten Sache der Welt die Zeit zu vertreiben. Villefranches Sprache ist verführerisch, voller Metaphern und immer appetitlich, egal, welche Spielarten sie beschreibt.

Aktuelle Geschichten aus dem Leben der Jungen und Schönen bieten dagegen die Wunderlich Taschenbücher. Die Autorinnen und Autoren der hier publizierten Erotikreihe kommen sehr deutlich zur Sache und scheuen sich auch nicht vor dem Einsatz deftiger und vulgärer Ausdrücke.

Zu meinen persönlichen Favoriten gehört allerdings die Freizeit-Autorin Anaiss, die hauptberuflich als Übersetzerin in Barcelona arbeitet. Ihre Geschichten sind herrlich flapsig erzählt, so als würde sie einer Freundin beim Wein von ihren letzten Sex-Abenteuern berichten. Und je nach Bedarf können die Episoden zum sofortigen Genuss aus dem Internet heruntergeladen werden (Internetadresse siehe Anhang Seite 200).

Claude Alexandres Arbeiten wirken ebenfalls wie Momentaufnahmen der sexuellen Leidenschaften ihrer selbst und ihrer Mitmenschen. Sie zeigt lesbische und schwule Paare, Transvestiten (Abb. 9) und Sadomasochisten. Die Bilder erzählen von bedingungsloser Hingabe, Lust und Verlangen. Manchen Betrachtern mögen sie zu krass sein, aber immer wirken sie authentisch, und vielleicht ziehen sie uns gerade deshalb in ihren Bann.

Abb. 9

Abb. 10

Im Gegensatz zu Claude Alexandres Blick auf die Begierden der anderen, offenbart der Fotograf Dahmane vor allem seine eigene Vorliebe für Anales (Abb. 10). Dabei zeigt sich das Pornographische seiner Ansichten oft erst auf den zweiten Blick. Sein Modell ist immer die gleiche Frau, die hinreißend schöne Chloë des Lysses, deren fein geschnittenes Gesicht und mädchenhafter Körper in einem spannungsreichen Kontrast zu ihrer Schamlosigkeit stehen. Wo immer sie sich befindet, sie

Abb. 11

hebt den Rock, spreizt ihre Backen und entblößt die meist rasierte Scham. Ein leichtes Lächeln auf ihren geschwungenen Lippen ist ihre einzige Reaktion, wenn sie mit Dildos oder von den Penissen schwarzer, alter oder junger Männer penetriert wird. «Porn Art 1 und 2» nennt Dahmane seine Werke, die schön und quälend zugleich sind.

Ein Vergnügen ganz anderer Art bietet der Fotograf Alexandre Dupouy mit seinen nachkolorierten Bildern im Ba-

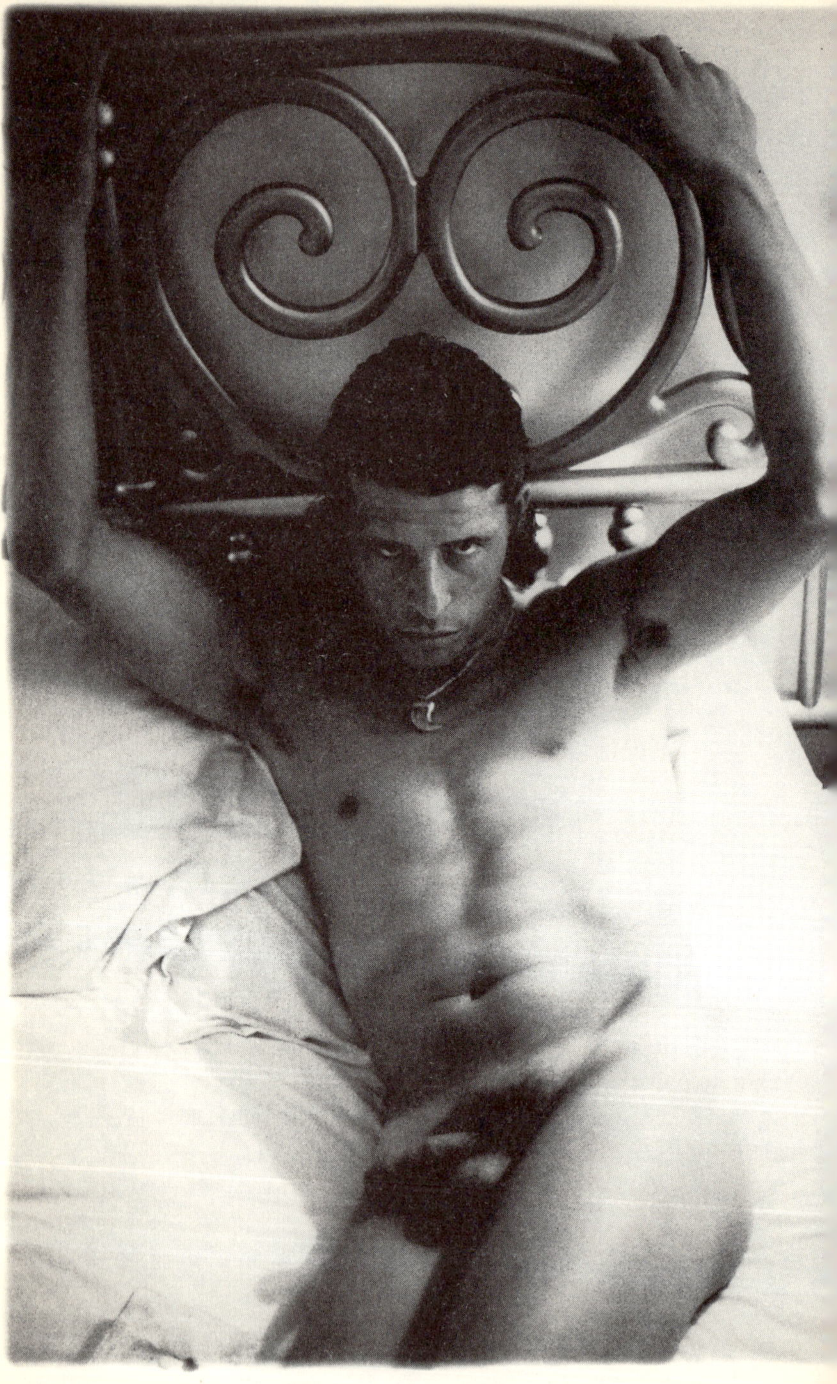

rockstil (Abb. 11). Lüsterne Damen mit Perücken und Reifröcken legen sich gegenseitig übers Knie, die Comtesse B. züchtigt ihre Hausmädchen, und Scarlett wird streng erzogen. Die Fotografien Dupouys werden beherrscht von altmodischen Requisiten und der unwiderstehlichen Natürlichkeit seiner Modelle.

Der aus meiner Sicht bemerkenswerteste Fotoband ist allerdings «Mann, oh Mann!» von Charlotte March aus dem Jahre 1977. Auf dem Innen-Cover heißt es: «Dieses Buch wird schockieren, beunruhigen, zum Lachen herausfordern. Komisch, sexy, unwiderstehlich. Ein Buch für alle Frauen und für alle Männer.» Seit 1977 hat sich daran nichts geändert. Charlotte Marchs Buch ist das einzig mir bekannte dieser Art. Die Fotografin hat darin eine Sammlung von Bildern zusammengestellt, die einen einzigen Mann zeigen, den sie über zwei Jahre herausgefordert hat, seine eigene sexuelle Identität zu erforschen, seine Facetten wahrzunehmen und sich in der Vielfalt der Möglichkeiten selbst zu entdecken (Abb. 12). Der Untertitel heißt zu Recht «Ein Vorschlag zur Emanzipierung des attraktiven Mannes». Auf dem Weg zu seiner Unabhängigkeit entblößt er nicht nur seinen Penis, sondern er gibt sein Innerstes preis, verspielt, übermütig, verführerisch, unschuldig, mal als Macho, mal als Transvestit oder Dandy, immer wieder anders, immer herausfordernd. Einige dieser Fotos sind weltberühmt geworden und sind bis heute in Ausstellungen, Werkschauen und in Fotosammlungen zu sehen. Aber wer die vielen Seiten eines Mannes entdecken möchte, wer sein Wesen verstehen möchte, der sollte sich die Mühe machen, sich dieses Buch aus einem Antiquariat zu besorgen.

Abb. 12

Der Comic als Genre für Erwachsene ist in Deutschland weit weniger verbreitet als in Japan oder Frankreich, wo es ganze Buchhandlungsabteilungen füllt. Obwohl bei uns mittlerweile auch die japanischen Mangas mit ihren drastischen Bildern erhältlich sind, bleibt der pornographische Comic hier eher eine Sonderform für Comic-Begeisterte und -Sammler. Doch gerade im Comic sind die Möglichkeiten für die Gestaltung sexueller Phantasien unerschöpflich, weil die Zeichnung nie an die Grenzen darstellerischer Leistungen gerät. Der Comic mit seiner Verbindung visueller Reize und sexueller Utopie wäre also eigentlich das ideale Porno-Medium, mit dem theoretisch auch die Grenzen überschritten werden könnten, deren Einhaltung in den Bereichen Fotografie und Videofilm zu Recht gesetzlich verankert ist, beispielsweise bei sadomasochistischen Spielen oder Sex mit Tieren. Eine Probe solcher möglichen Grenzüberschreitungen hat der Zeichner Eric Stanton in seinen berüchtigten Storys über dominante Frauen und ihre Sklaven geliefert (Abb. 13). Eine Sammlung dieser Geschichten erschien vor ein paar Jahren sogar im Benedikt Taschen Verlag. Für manche mögen die Darstellungen von schlagkräftigen Frauen mit den geschundenen Männern pervers sein, aber es gibt mit Sicherheit viele Männer, deren Phantasie von diesen starken, zornigen Frauen erregt wird und die ein Verlangen danach verspüren, sich der gewalttätigen Variante der sexuellen Macht von Frauen zu unterwerfen, davon einmal abgesehen, dass dieser Gedanke auch Frauen gefällt. Stantons Amazonen spielen mit den Geschlechterrollen, doch seine Zeichnungen sind kaum als ein feministisches Manifest zu verstehen. Es macht vielmehr einfach Spaß, in dieser Welt weiblicher Dominanz zu schwelgen.

Rechte Seite: Abb. 13

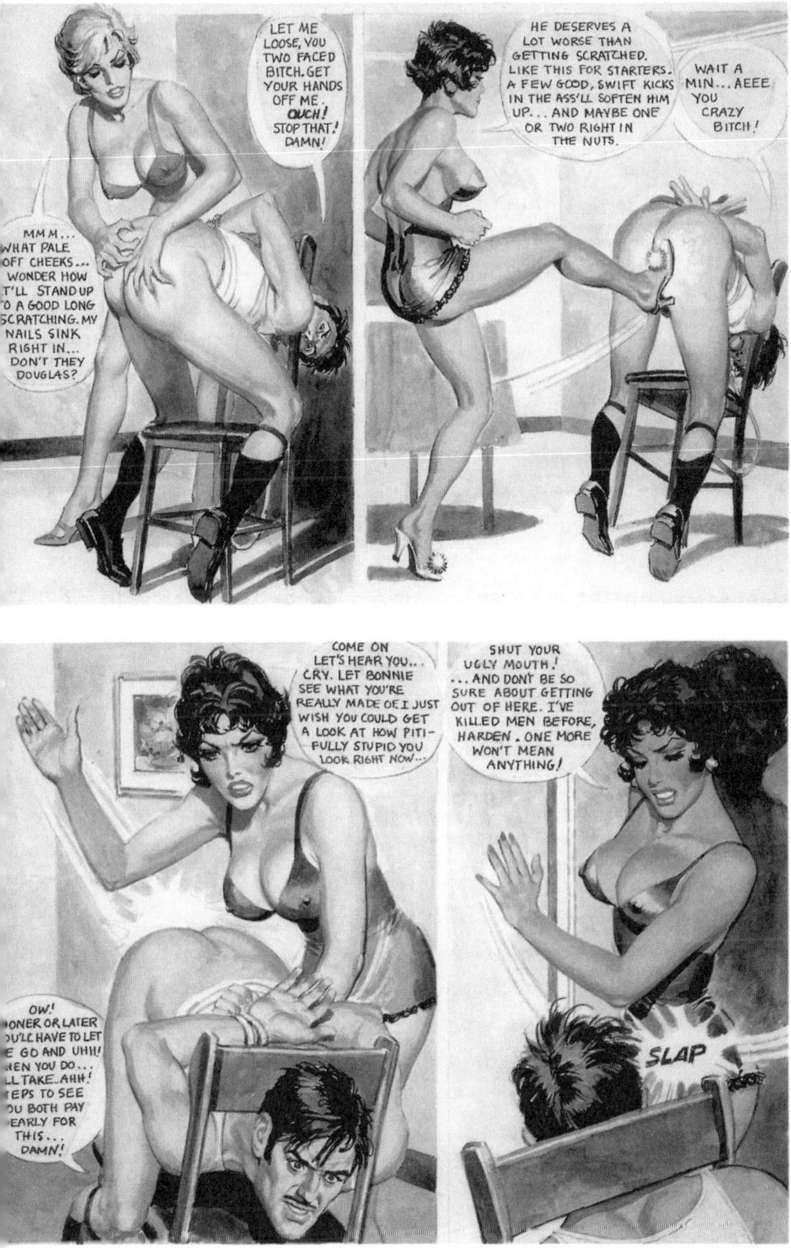
LET ME LOOSE, YOU TWO FACED BITCH. GET YOUR HANDS OFF ME. OUCH! STOP THAT! DAMN!
MMM... WHAT PALE OFT CHEEKS... WONDER HOW T'LL STAND UP TO A GOOD LONG SCRATCHING. MY NAILS SINK RIGHT IN... DON'T THEY DOUGLAS?
HE DESERVES A LOT WORSE THAN GETTING SCRATCHED. LIKE THIS FOR STARTERS. A FEW GOOD, SWIFT KICKS IN THE ASS'LL SOFTEN HIM UP... AND MAYBE ONE OR TWO RIGHT IN THE NUTS.
WAIT A MIN... AEEE YOU CRAZY BITCH!
COME ON LET'S HEAR YOU... CRY. LET BONNIE SEE WHAT YOU'RE REALLY MADE OF. I JUST WISH YOU COULD GET A LOOK AT HOW PITI-FULLY STUPID YOU LOOK RIGHT NOW...
OW! ONER OR LATER OU'LL HAVE TO LET E GO AND UHH! HEN YOU DO... LL TAKE..AHH! TEPS TO SEE OU BOTH PAY EARLY FOR THIS... DAMN!
SHUT YOUR UGLY MOUTH! ... AND DON'T BE SO SURE ABOUT GETTING OUT OF HERE. I'VE KILLED MEN BEFORE, HARDEN. ONE MORE WON'T MEAN ANYTHING!
SLAP

Ästhetische Pornos im Video-Angebot

Eine repräsentative Auswahl an anspruchsvollen Videos zu finden ist nicht so einfach. Besonders weil die Erwartungen an filmische Pornos besonders hoch sind. Sie sollen Spielfilmqualität haben mit überzeugenden Charakteren, erotisch und scharf zugleich sein, und am besten die ganz persönlichen Bilder jeder/jedes Einzelnen umsetzen. Dass das nicht funktionieren kann, ist nicht nur eine Frage des Budgets, welches bei Porno-Produktionen deutlich geringer ausfällt als bei Kino- oder auch Fernsehfilmen. Ein Porno-Film stößt recht schnell an die Grenzen der sexuellen Utopie, weil die Mitwirkenden keine Schauspieler sind, weil der Aufbau einleuchtender Figuren und Handlungsstränge auf Kosten der expliziten Szenen gehen würde und weil es eigentlich auch nicht der Sinn eines Pornos ist, wirklich glaubwürdig zu sein. Wer einen Porno konsumiert, begibt sich in die Welt der sexuellen Phantasien, die sich dadurch auszeichnen, dass sie eben nicht realistisch sind. Deshalb sollten die Kriterien für einen *guten* Porno andere sein als für einen gelungenen Kinofilm.

Für die einen ist vielleicht die Spezialisierung auf besondere Vorlieben wichtig, andere wollen lieber schöne Bilder mit schönen Menschen sehen, und wieder andere brauchen eine vernünftige Handlung, die die sexuellen Phantasien einrahmt.

Aus meiner persönlichen Erfahrung, nach vielen Gesprächen zum Thema und aufgrund meines bisherigen Überblicks kann ich zumindest behaupten, dass die folgenden Beispiele den meisten Frauen besser gefallen als andere Angebote. Und für viele Männer ist dies ein entscheidendes Kriterium für ihre Wahl eines Porno-Videos, das sie mit ihrer Liebsten zusammen ansehen wollen.

DER FILM VON
90086
ANDREW BLAKE
BLOND & BRUNETTES
GEDREHT AUF
35 mm FILM
DARSTELLER
ANITA BLOND
ROUTE
XX
Deutsche Synchronfassung
VPS
"ANDREW BLAKE'S BLOND & BRUNETTES" © STUDIO A ENTERTAINMENT, INC.
DISTRIBUTED UNDER LICENSE. ALL RIGHTS RESERVED.
ANDREW BLAKE IS A REGISTRED TRADEMARK OF STUDIO A ENTERTAINMENT, INC.
AND IS USED UNDER LICENSE FROM STUDIO A ENTERTAINMENT, INC.
VON VPS VIDEO

Abb. 14

Da sind zunächst einmal die ästhetisierenden Filme des Regisseurs Andrew Blake, der immer an den schönsten Locations mit rassigen, atemberaubend langbeinigen Darstellerinnen dreht, die weder billig noch künstlich aussehen, sondern wie Models aus Hochglanzmagazinen (Abb. 14). Seine Phantasien drehen sich allerdings meist nur um die Frauen, die er beim erotischen Spiel miteinander zeigt. Männer spielen kaum eine Rolle, und wenn sie doch auftauchen, dann sind sie Statisten und eignen sich wenig als Lustobjekte für den weiblichen Blick. Andrew Blake erzählt keine Geschichten, er reiht sexuelle Begegnungen aneinander, aber mit so phantastischen Bildern, dass das Schauen ein Genuss ist.

Die Filme von Paul Thomas überzeugen auf andere Art. Sie zeigen Schauspielkunst, liebenswerte Charaktere, eine zufrieden stellende Handlung und natürlich aufregenden, mitreißenden Sex. Da ist zum Beispiel die Geschichte der ehemaligen Miss New Hampshire, Alex Taylor, in dem Film «Dethroned» («Entthront», 1999). Wie in einem Doku-Drama erzählt der Film von ihrem hart erkämpften Aufstieg auf der Erfolgsleiter der Schönheitswettbewerbe und dem Verlust der Krone, als herauskommt, dass sie das Geld für ihre Rechnungen als Stripperin verdient hat. Die Story ist freizügig gewürzt mit betrügerischen Figuren, wirkungsvollen Verführungen und unanständigem Sex.

Auf die Dramaturgie eines inneren Kampfes setzt dagegen Candida Royalles Film «My Surrender» («Meine Kapitulation», 1996), worin Jeanna Fine eine Videofilmerin spielt, die die sexuellen Phantasien ihrer Kundschaft dokumentiert. Sie selbst wird sich dabei immer schmerzhafter des Verlustes ihrer eigenen sexuellen Bedürfnisse bewusst. Ein Kuss von Alex Sanders erweckt ihre unterdrückte Lust wieder zum Leben,

und ihre Angst vor Intimität wird überwältigt von ihrer Sehnsucht nach Leidenschaft. Die Regisseurin erzählt eine überzeugende Geschichte, die viel Platz lässt für die unterschiedlichsten Phantasien, welche die Paare für ihre Privat-Videos
offenbaren.

Abb. 15

Einer der begehrtesten Filme in den Frauen-Erotik-Shops ist zur Zeit «Der Duft der Liebe» von Puaka-Video (Abb. 15), einer Produktionsfirma, die in der Vergangenheit die üblichen Billig-Pornos auf den Markt gebracht hat. Dieser Film ist allerdings ein Meisterwerk! In einem paradiesischen Garten, inmitten einer üppigen, tropischen Blütenpracht geben sich wunderschöne Penthouse- und Hustler-Models ihren erotischen Spielen hin. Ergänzt wird dieser Reigen atemberaubender Geschöpfe durch ein paar nicht minder attraktive Männer, die ihre Körper und natürlich vor allem ihre Schwänze in den Dienst der holden Schönen stellen. Zusammengehalten werden die mitreißenden Episoden von einer oberflächlichen Geschichte, die von der Suche einer jungen Frau nach dem perfekten «Duft der Liebe» handelt. Ihre erotisierende Stimme begleitet die leidenschaftlichen Sex-Spiele dieser makellosen Menschen. Die Bilder sind so schön wie farbenprächtige Gemälde, und die Musik vollendet mit orientalischen und sphärischen Klängen diesen außergewöhnlichen Filmgenuss. Gewürzt wird das sinnliche Vergnügen zudem noch mit ungewöhnlichen Einfällen. Da verwandeln sich die Blütenblätter einer Orchidee in die intimen Lippen einer Frau. Auf hochhackige Schaftstiefel werden Dildos wie Sporen geschnallt, die der Luststeigerung ihrer Trägerinnen dienen. Die rasierte Scham einer der Hübschen wird mit Farbe und Tätowierung in einen tropischen Blütenkelch verwandelt. Ohne Zweifel, «Der Duft der Liebe» ist das gelungene Beispiel eines wirklich guten Porno-Films, der besonders Frauen mitreißen wird.

Das Geburtstagsgeschenk – ein pornographisches Experiment

Zum Abschluss dieses Kapitels will ich noch von einem pornographischen Experiment berichten. Im Rahmen meiner Arbeit zum Thema «Frauenpornographie» hatte ich die wiederkehrenden sexuellen Phantasien von Frauen und Männern in der Pornographie untersucht und ihre jeweiligen ästhetischen Umsetzungen miteinander verglichen. Wie bereits oben zusammengefasst, wiederholen sich in den untersuchten Materialien Phantasien von unterworfenen Männern, lesbischen Begegnungen und Gruppensex. Darüber hinaus werden häufig Fetische und Sex-Toys in die sexuellen Spiele mit einbezogen, um die Illusion des Verruchten zu erzeugen oder einfach die sexuellen Möglichkeiten zu erweitern. Im Unterschied zu den Materialien, die für den Männergeschmack produziert werden, legen die Autorinnen, Fotografinnen und Regisseurinnen der weiblichen Pornographie großen Wert auf die Beschreibung der Handlungszusammenhänge, auf dezente Beleuchtung und ebensolche Wort- bzw. Bilderwahl. Während die herkömmliche Pornographie gern in genitalen Groß- und Detailaufnahmen schwelgt, bevorzugen die Produzentinnen eine distanzierte literarische oder bildliche Sprache. Die Frage war also, ob es gelingen könne, einen Pornofilm zu drehen, der dem anspruchsvollen Geschmack der Frauen genügt und dabei gleichzeitig die voyeuristische Lust der Männer befriedigt.

Der Videofilm «Das Geburtstagsgeschenk» entstand im Frühjahr 2000 nach dem Abschluss meiner Promotion. Als Fortführung der Ergebnisse wollte ich den weiblichen und den männlichen Blick in einem Porno-Film vereinen. Herausgekommen ist ein farbenfroher Film mit ungewöhnlicher Musik, der in porno-untypischen Räumen spielt.

Die Geschichte ist schnell erzählt. Ein Mann, Jan, hat Geburtstag und freut sich beim Aufwachen neben seiner Frau auf die Erfüllung eines ganz besonderen Geburtstagswunsches. Sie geht ins Bad, er kommt hinterher, die beiden haben Sex unter der Dusche. Am Abend treffen sich die beiden am festlich gedeckten Esstisch wieder, als es an der Tür klingelt. Eine Freundin der Ehefrau betritt mit üppig wogenden Brüsten und aufreizendem Outfit die Szenerie, und das Spiel kann beginnen. Beim Essen wird geflirtet, Wein tropft aufs Dekolleté, und am Ende stellt sich die entscheidende Frage, ob er, der Jubilar, wohl bereit sei, sich auf ein besonderes Spiel einzulassen. Natürlich!, verkündet er siegessicher, er hat es sich ja gewünscht. Doch was dann folgt, entspricht nicht so ganz seinen Erwartungen. Die beiden Frauen fesseln ihn an seinen Stuhl. Dorothea lässt bei einem Strip die äußeren Hüllen fallen und sorgt für Jans erste Überraschung: Vor ihm steht eine mit Leder und Lack bekleidete Domina. Zusammen mit seiner Frau Lisa beginnt sie zunächst, ihn und seinen aufgereckten Schwanz zu verwöhnen. Doch als es gerade so richtig schön für ihn wird, lassen die Frauen ihn angekettet sitzen, verschwinden ins Schlafzimmer und widmen sich ihrer eigenen Lust. Nach dem Liebesspiel ganz in Rot – zu dem chorale Klänge ertönen – haben die beiden Frauen die eigentliche Hauptperson des Abends schon fast vergessen (Abb. 16). Lisa bleibt im Bett und Dorothea erteilt dem verdutzten Jan eine Lektion in Gehorsam. Dann bindet sie ihren Sklaven los und zwingt ihn dazu, seiner Frau die Füße zu küssen und sie «nach allen Regeln der Kunst»

Abb. 16

zu verwöhnen. Jan fügt sich in das Unvermeidliche und wird am Ende doch noch mit dem ersehnten «flotten Dreier» belohnt.

Der Film endet mit einer Überraschung für die Zuschauer. Die angebliche Schulfreundin Dorothea entpuppt sich als Prostituierte, die von der raffinierten Lisa zur Erfüllung ihrer eigenen Phantasien engagiert worden war.

In der Umsetzung spielt der Film mit allen Versatzstücken des Pornographischen. Er enthält erotisch-dezente, aufwendig ausgeleuchtete Bilder, er erzählt eine schlüssige Geschichte und spielt mit den Handlungsrollen weiblicher und männlicher Phantasien. Darüber hinaus geht es aber auch deutlich zur Sache. Die Kamera zoomt an die gespreizten Vaginas und den aufgerichteten Penis heran. Es wird gestöhnt und geseufzt. Und am Ende gibt es natürlich auch den berüchtigten Cumshot der Mainstream-Pornographie, also den Blick auf den ejakulierenden Penis.

Die Reaktionen bei öffentlichen Vorführungen des Films haben gezeigt, dass das Experiment weitgehend gelungen ist, allerdings mit Einschränkungen besonders von Seiten der Frauen. Für die heterosexuellen unter ihnen war der Darsteller nicht muskulös und männlich genug. Und die Darstellerin der Lisa wirkte mit ihren vielen Piercings in Brustwarzen, Schamlippen und Klitoris sowohl auf Frauen als auch auf einige Männer zu obszön und damit abstoßend. Außerdem bemängelten besonders die lesbischen Zuschauerinnen, dass die Szene mit den beiden Frauen nicht authentisch genug gewirkt hätte: «Bei all dem Gestöhne...!»

Aber der Film erhielt auch viel Lob. Das Ambiente sei ungewöhnlich. Ausstattung, Deko und Outfits seien geschmackvoll. Die Beleuchtung mit ihren Farbwechseln und warmen

Tönen lasse die Handlung in einem erotischen Rahmen erscheinen. Die Frauen seien die unangefochtenen Heldinnen des Films und unterwerfen den Mann ihren Gelüsten – feministisch korrekt sozusagen. Und die Geschichte werde, gemessen am pornographischen Durchschnittsniveau, überzeugend erzählt. Die Männer kämen auf ihre Kosten, und die Frauen würden sich mit ihren Bedürfnissen (weitgehend) ernst genommen fühlen.

Diese vielfältigen Bewertungen waren möglich, weil der Film erstens in öffentlichen Veranstaltungen gezeigt wurde und zweitens eine wohlwollende Presseberichterstattung erfuhr. Dadurch wurde er auch von vielen Menschen zur Kenntnis genommen, die bisher keine oder erst wenig Begegnungen mit pornographischen Materialien gehabt hatten. Aufgrund der Tatsache, dass hier eine anerkannte Wissenschaftlerin als Autorin und Regisseurin eines Porno-Videos verantwortlich zeichnete, konnten sich die meisten Zuschauerinnen und Zuschauer recht unvoreingenommen mit dem Film auseinander setzen. Und obwohl er aufgrund des geringen Etats keineswegs zu den qualitativ hochwertigen Produktionen gehört, wurde er insgesamt positiv bewertet.

Die Grenzen der Pornographie

An diesem Beispiel wird noch einmal deutlich, wie abhängig individuelle Beurteilungen von den Vorannahmen jedes Einzelnen sind. Nach filmischen Maßstäben ist «Das Geburtstagsgeschenk» (Abb. 17) von mittelmäßiger Qualität, mit dürftigen schauspielerischen Leistungen und teilweise recht krassen Darstellungen. Und gerade die Fehler im Detail dieses Erstlings wie der schmächtige Darsteller, das unpassende Knirschen von Lackstiefeln oder der schwäbelnde Akzent der Lisa sind es, welche die erotischen Phantasien in den Köpfen der Frauen (und auch vieler Männer) stören. Aber genau hieran zeigt sich, dass die Grenzen des Pornographischen sehr viel enger gesteckt sind als in den individuellen Phantasien. Weil wir aber nur in unseren Köpfen ein für uns perfektes Szenario gestalten können, ist der Ruf nach *dem vollkommenen Porno* eine ebensolche Utopie wie das gesamte Genre. Wer also die makellose Umsetzung seiner persönlichen Phantasien in einem Porno erwartet, wird immer enttäuscht werden und sollte besser in seinem Kopfkino schwelgen.

Abb. 17

Allen anderen, die Pornographie als Bereicherung ihrer eigenen Bilder, zum Entdecken neuer Phantasien oder einfach auch zur Entspannung nutzen wollen, kann ich nur empfehlen, sich in die wollüstige Utopie unbegrenzter Lust und Befriedigung hineinzuwagen oder sie weiterhin ohne schlechtes Gewissen zu konsumieren.

Während meiner Arbeit an diesem Buch habe ich mir mehr als einmal die Frage gestellt, worin meine innerste Motivation, es zu schreiben, bestehe.

Ich hatte einige klare Vorstellungen, als ich damit anfing:

Es sollte mein abschließendes Fazit zum Thema Pornographie werden. Alles, was sich in meinen Gedanken angesammelt und bei meiner Recherche herausgestellt hatte, sollte zusammengestellt und dann endgültig ad acta gelegt werden. Und es sollte ein persönliches Buch werden, das auch von meinen Erfahrungen und Erlebnissen in den Jahren nach meiner Promotion erzählt.

Aber während ich schrieb, musste ich mir eingestehen, dass ich mich so weit wie möglich zu distanzieren versuchte. Meine eigenen Phantasien habe ich ebenso verschwiegen wie meine persönliche Meinung über Pornographie. Immer wieder stieß ich auf die Frage, ob ich die dargestellten Positionen wirklich so vertreten darf und will.

Dieses Hadern ist mein persönlicher Anteil an diesem Buch, in dem ich das Thema Pornographie so detailliert wie möglich aus kultur- und medienwissenschaftlich aktueller Sicht vorstelle. Der Zweck hinter diesem Bemühen ist es, eine Grundlage zu schaffen für eine meines Erachtens wichtige Diskussion, in der ich im positiven Sinne Stellung für die Pornographie beziehe.

Pornographie ist ein uralter Bestandteil menschlicher Kultur. Kein Verbot und kein Versuch der Einschränkung haben sie bis heute verdrängen können. Die Suche nach noch wirksameren

Verboten und Einschränkungen erscheint aussichtslos. Es bleibt vielmehr die Frage, wie wir einen vernünftigen Umgang mit dieser zutiefst menschlichen Konstante erreichen können. Dabei scheint mir die Tatsache skandalös und die Bedürfnisse von Frauen ignorierend, dass es bei uns kaum Produktions- und Vertriebsmöglichkeiten für die auf den weiblichen Geschmack ausgerichteten Produkte und qualitativ hochwertige Materialien gibt. Wohingegen sich innerhalb des eng gezogenen gesetzlichen Rahmens ein florierender Markt billiger Massenware für überwiegend männliche Konsumenten etablieren konnte.

Nachdem ich mir viel Mühe gegeben habe, die Argumente gegen Pornographie zu entkräften, will ich an dieser Stelle einräumen, dass es viele inhaltlich und qualitativ extrem schlechte Produkte auf dem Porno-Markt gibt, deren Konsum ich niemandem ernsthaft empfehlen würde. Und natürlich kann ich auch die empörte – meist weibliche – Entrüstung nachvollziehen, die die pornographischen Klischees und minderwertigen Darstellungsweisen als geschmackliche Entgleisungen anprangert.

Unweigerlich muss diesem Geständnis ein großes ABER folgen: Darf die Tatsache, dass es Porno-Konsumenten mit einem schlechten Geschmack gibt oder dass manche Männer das Schwelgen in Macho-Phantasien genießen, oder dass eine große Zahl pornographischer Produkte billige Massenware sind und als obszön gelten, in einem freiheitlich-demokratischen Land ein Grund für die Einschränkung einer gesamten Gattung von Filmen, Büchern, Fotos etc. sein?

Im Verlauf des zweiten Kapitels wurde eine Reihe von literarischen Beispielen zitiert, für deren inhaltliche und sprachliche Gestaltung das Adjektiv «obszön» wohl kaum zutreffend ist.

Dennoch handelt es sich bei diesen Materialien um Pornographie, weil sie sexuelle Phantasien detailliert und eindeutig darstellen. Neben diesen dezenten Formen gibt es eine große Anzahl von deftigen und krassen Pornos, die wegen ihrer eindeutigen Darstellungen auch als obszön, also im allgemeinen Verständnis als schamlos bezeichnet werden können. Problematisch werden diese formalen und inhaltlichen Unterschiede aber erst, wenn Pornographie von vornherein mit Obszönität gleichgesetzt wird. Im Sprachgebrauch resultiert diese Verkürzung der Begriffe vor allem auf der umgangssprachlichen Bezeichnung von pornographischen Videos als «Pornos». Und weil die herkömmliche Pornographie mit ihren überwiegend visuellen Darstellungen immer auch detailliert und eindeutig ist, scheint es nahe liegend, den Begriff «Pornographie» synonym mit dem Begriff Obszönität zu verwenden.

Nicht nur in der Umgangssprache, sondern auch in wissenschaftlichen Beiträgen wird diese sprachliche Ungenauigkeit als neuer Definitionsansatz vorgestellt. So hat auch der bereits im ersten Kapitel zitierte Herbert Selg, Professor für Psychologie, vor kurzem seine Forderung nach passenden Wortschöpfungen neu formuliert.

> Mein Vorschlag hat zum Ziel, mit Pornographie nur noch Materialien zu bezeichnen, in denen sich *Darstellungen von Sexualität und Aggressivität durchdringen.*
> [...] Erotographie soll Material umfassen, das Sexuelles (mehr oder weniger explizit) darstellt, aber *in der Art der Präsentation keine Degradierung* erkennen läßt.[43]

Auf den ersten Blick scheint dieser Ansatz alle Probleme zu lösen. Pornographie ist degradierend, also schlecht, und darf verboten werden. *Erotographie* bezeichnet alles Erotische, ist also gut und darf verbreitet werden.

Mit diesem Statement unterliegt auch Herbert Selg den Irrtümern der Anti-Porno-Debatte. Wenn er von Degradierung und Aggression spricht, dann meint er tatsächlich ausgeübte Unterdrückung und Gewalt, die er zu Recht verbieten will. Aber was hat das nach den hier dargestellten Definitionskriterien mit Pornographie zu tun?

Wenn in einem Action-Film eine Supermarkt-Kassiererin von einem Gangster als «dumme Schlampe» bezeichnet und als Geisel auf die Knie gezwungen wird, ist das dann ein Fall von Degradierung und Aggression, der nicht dargestellt werden darf? Sind die im Kino und Fernsehen ausgestrahlten Gewaltdarstellungen harmlos, solange sie nicht mit Sexuellem in Verbindung gebracht werden? Ist also tatsächlich die Darstellung des Sexuellen die eigentliche Gefahr?

Ein weiterer Fehler in der Debatte um die Berechtigung pornographischer Darstellungen liegt in dem Versuch, persönliche Werturteile als Grundlage für einen allgemeinen Definitionsansatz zulassen zu wollen. In der feministischen Diskussion über die Unterdrückungsmechanismen der Pornographie galt besonders eine sexuelle Variante als Paradebeispiel für die dargestellte Frauenverachtung: eine Frau, die vor einem Mann kniet und Fellatio ausübt, ihn also mit dem Mund befriedigt. Dabei wurde allerdings nicht zur Kenntnis genommen, dass in der pornographischen Choreographie auf fast jede Fellatio ein Cunnilingus (also der Mann auf den Knien) folgt. Aber davon einmal abgesehen, stellt sich hier schließlich die Frage: Wenn eine Frau die Darstellung einer Fellatio als erniedrigend empfindet, handelt es sich bei dem Dargestellten um Pornographie, während das gleiche Material für eine andere

Frau, die den Anblick einer Fellatio genießt, als Erotographie gelten darf?

Ich hoffe, dass die meisten Leserinnen und Leser die Absurdität solcher Diskussionen verstehen. Wir haben einen gegenwärtigen Zustand der Darstellungen in den Medien erreicht, den wir kaum wieder einschränken können und vielleicht auch nicht wollen, wenn wir einmal an die prüde Spießigkeit der 1950er Jahre zurückdenken. Auch die vielen brutalen Action-, Science-Fiction- oder Horror-Filme und -Comics werden wir nicht vom Markt diskutieren können. Was wir stattdessen brauchen, ist ein differenzierter aufgeklärter Umgang mit diesen Medien, eine verstärkte Förderung der so genannten Medienkompetenz und das größtmögliche Spektrum an unterschiedlichen Inhalten und Darstellungsweisen, um ein Gegengewicht zu den vielen qualitativ minderwertigen Medienprodukten herstellen zu können. Grundsätzlich geht es also auch um die Frage, wie viel Freiheit und Mündigkeit ihrer Bürger sich eine Demokratie leisten solle.

Vom entspannten Umgang mit (anspruchsvoller) Pornographie?

Einmal abgesehen davon, dass pornographische Darstellungen schon immer eine Begleiterscheinung der Kulturgeschichte waren, bin ich der Meinung, dass wir tatsächlich eine anspruchsvolle Pornographie brauchen, denn viele Menschen, Männer und zunehmend auch Frauen, nutzen und schätzen sie als Stimulanz für ihre sexuellen Phantasien. Ihre Bedürfnisse sind ebenso zu respektieren wie jede andere Lust auch, die niemandem Schaden zufügt. Rufen wir uns noch einmal in Erinnerung: Pornographie stellt sexuelle Phantasien dar, nicht aber sexuellen Alltag. Wenn die Welt der Pornographie aber eine utopische ist, dann zeigt sie die Möglichkeiten, die jenseits unseres täglichen sexuellen Erlebens liegen. Und genau das ist der eigentliche Reiz am Genuss pornographischer Materialien. Sie können uns einen spielerischen Zugang zu unseren eigenen Phantasien eröffnen, indem sie anregen, entspannen oder auch Grenzen aufzeigen. Selbst wenn Pornos zur Kompensation von zu wenig, zu langweiligem oder zu unerfülltem Sex konsumiert werden, hat das Genre seine Berechtigung.

Darüber hinaus kann Pornographie ein Mittel zur Verständigung im viel diskutierten Interessenskonflikt zwischen weiblicher und männlicher Sexualität sein.

Gerade hat wieder eine Umfrage ergeben, dass mindestens 30 Prozent aller in Deutschland befragten Frauen beim Geschlechtsverkehr keinen oder selten einen Orgasmus bekommen, wohlgemerkt beim Sex mit einem Mann. 90 Prozent aller Frauen kommen dagegen ohne Probleme beim Schwelgen in ihren Masturbationsphantasien zum Höhepunkt. Die Konsequenz aus diesen Zahlen ist aber mit Sicherheit nicht die Behauptung, deutsche Männer seien schlechte Liebhaber. Vielmehr belegt diese Umfrage die enorme Bedeutung sexueller Phantasien für die Befriedigung der weiblichen Lust. Insofern kann Pornographie eine von vielen Möglichkeiten im spielerischen Umgang mit den sexuellen Phantasien anbieten, weil ihr wohl dosierter Genuss das sinnliche Empfinden anregen und als Vorspiel befriedigenden Sex nach sich ziehen kann und überhaupt Lust und Leidenschaft zu steigern vermag.

Wenn wir dann noch bedenken, dass der Vergleich zwischen Pornographie für Frauen und Männer eine weitgehende Übereinstimmung der sexuellen Präferenzen und Rollenspiele ergibt, dann kann die abschließende Feststellung dieses Buches nur lauten: Pornographie ist der Schlüssel zu einer weiteren Facette der weiblichen Lust. Sie zeigt uns die utopische Welt weiblicher und männlicher Leidenschaften, und sie ist eine Kunstform, die uns einen uneingeschränkten Blick auf die Phantasien in den Köpfen von Frauen und Männern ermöglicht.

Anhang und Serviceteil

Die folgende Bibliographie enthält eine Auswahl pornographischer und erotischer Materialien, die sich von den Angeboten des herkömmlichen Porno-Marktes unterscheiden. Die Beispiele ermöglichen einen Einblick in die Vielfalt anspruchsvoller Pornographie, ohne dabei aber einen Anspruch auf Vollständigkeit zu erheben. Wie bereits im dritten Teil beschrieben, ist es nicht ganz so einfach, an die «etwas anderen Pornos» heranzukommen. Obwohl ich alle im Folgenden aufgezählten Titel selbst in den Händen gehalten habe und Ihnen sämtliche mir bekannten Adressen nenne, kann es im Einzelnen schwierig sein, einen bestimmten Titel zu beschaffen. Am einfachsten ist dies noch bei den literarischen Pornos. Die Ortsangabe Tübingen verweist auf den *konkursbuch verlag claudia gehrke,* wo sämtliche dort erschienenen Werke noch bestellt werden können. Die älteren Romane und Kurzgeschichtensammlungen sind teilweise nicht mehr im Verzeichnis lieferbarer Bücher (VLB) gelistet. Die meisten können Sie aber im Zentralverzeichnis antiquarischer Bücher (ZVAB) oder auch zum Beispiel unter www.amazon.de finden.

Um die genannten Porno-Filme zu bekommen, können Sie sich zunächst an die Frauen-Erotik-Shops und die empfohlenen Internet-Shops wenden. Sie können sich auch die Kataloge der US-amerikanischen Versandhäuser zusenden lassen und darin nach geeigneten Werken suchen. Nur mit dem Bestellen dürfte es in Deutschland immer noch schwierig sein.

Hier ein Tipp: Wenn Sie einen bestimmten Film suchen, wenden Sie sich über www.sexclusivitaeten.de an Laura

Méritt. Sie hat die besten Kontakte und Möglichkeiten, besondere Materialien zu bestellen.

Am schwierigsten ist es schließlich, an pornographische Comics heranzukommen. Da kann nicht einmal Laura helfen. Wer in diesen gezeichneten Phantasien schwelgen möchte, braucht Ausdauer, Glück und ein wenig detektivisches Gespür. Neben den genannten Internet-Adressen können vielleicht auch gut sortierte Comic-Läden Hinweise liefern.

Comics

Bayerl, Bettina: *Leichen pflastern ihren Weg*. Frankfurt a. Main 1994.

Casotto, Giovanna: *Poker*. Collection X., Bd. 1, Ferrara (Italien) 1996.

Coover, Colleen: *Small Favors*. Girlie-Sex-Comics, Tübingen 2003.

Crepax, Guido: *Die Geschichte der O.*

Götha, Erich von: *Die Leiden der jungen Janise*, 1–4.

Götha, Erich von: *Twenty*.

Götha, Erich von: *The Education of Sophie*.

Goetzinger, Annie: «Finettes Weihnachtsfest». In: *Weihnachten Frivol*. Sonneberg 1995.

Greis, Toni: *Alraune I–IV*.

Grunding, Salomon: *Die schwarze Zarin*.

Mónica/Beatriz: *Jung & Scharf*. Collection X , Bd. 3., Barcelona 1992.

Phillips, Joe: *Boys will be Boys*. Gemünder 2003.

Sexotic-Comic 1–12: Die fiesgeilen Pornos aus dem Odörfer Verlag.

Stanton, Eric: *The Dominant Wives & Other Stories*. Köln 1998.

Viele Comics werden ohne Angabe von Jahr, Ort oder Verlag gedruckt. Mit ein wenig Geduld lassen sich die Zeichner, Verleger und Comic-Reihen im Internet finden. Folgende Adressen können dabei hilfreich sein:

www.eroscomix.com

www.graphic-attack.de

www.schwarzerturm.de

www.gaijinjoe.de

Kurzgeschichten

Andresky, Sophie: *Feucht. Erotische Verführungen*. Reinbek 2000.
Andresky, Sophie: *Tiefer. Erotische Verführungen*. Reinbek 2003.
Arnold, Heinz Ludwig (Hg.): *Das erotische Kabinett. Ein lustvoller Streifzug durch die deutsche Literatur von Barock bis heute.* Mit 40 Zeichnungen von Tomasz Jura. München 1998.
Arnold, Heinz Ludwig (Hg.): *Komm zieh dich aus. Handbuch der lyrischen Hocherotik deutscher Zunge.* Zürich 1991.
Arsam, Emanuelle, Régine Deforges und Erica Jong (Hg.): *Das große Lesebuch der Erotik.* München 1994.
Baldauf, Andrea, und Stefan Biele (Hg.): *Was uns anmacht. Die sexuellen Phantasien der Deutschen.* Reinbek 2001.
Barbach, Lonnie: *... und mein Verlangen ist grenzenlos*. Erotische Erzählungen. Bindlach 1992.
Berg, Sybille: *Sex II.* Leipzig 2000.
Büchner, Barbara: *Blut und Rosen. Erotische Schauergeschichten*. Hamburg 1996.
Fedderke, Dagmar: *Notre Dame von hinten. Liebesgeschichten aus Paris*. Mit Fotografien von Alexandre Dupouy. Tübingen 2002.
Fessel, Karen-Susan: *Heuchelmund. Erotische Erzählungen.* Tübingen 2002.
Friday, Nancy: *Verbotene Früchte. Die geheimen Phantasien der Deutschen*. München 1994.
Gehrke, Claudia (Hg.): *Purpurmund und Honiglippen. Erotika von Frauen.* Tübingen 1991.
Gehrke, Claudia (Hg.): *Das Jahrbuch der Erotik. Mein heimliches Auge.* Tübingen, seit 1982.
Im gleichen Verlag erschienen: *Mein lesbisches Auge*. Hg. von Regina Nössler und Laura Méritt, seit 1998. *Mein schwules Auge*. Hg. von Mathias Trostdorf und Anja Müller, seit 2003.
Heller, Anna M., und Regina Nössler: *Küsse und Bisse*. Sexgeschichten. Berlin 2002.
Hesse, Bettina: *Jahreszeiten des Verlangens*. Frankfurt a. Main 2002.
Hesse, Bettina (Hg.): *Feuer und Flamme*. Reinbek 2002.
Hesse, Bettina (Hg.): *Geliebte Lust*. Reinbek 2002.
Kinder, Herrmann (Hg.): *Die klassische Sau. Das Handbuch der literarischen Hocherotik.* München 1996.
Kurth, Lisa: *Deutschland, einig Schmerzensland. (SM-)Lebensberichte aus Ost und West.* Königswinter 1997.

LIL: *Schlaflose Sehnsucht*, Siegburg 2003.
Lorez, Gundula (Hg.): *Wo die Nacht den Tag umarmt*. Berlin 1979.
Mason, Kit: *Heiß und hemmungslos. Erotische Geschichten*. Reinbek 2004.
Müller, Phoebe: *Schlachthof der Lüste*. Tübingen 2003.
Proske, Christine (Hg.): *Schamlos zärtlich. Ein Lesebuch der Sinnlichkeit*. München 1992.
Rick, Karin: *Hingabe. Erzählungen*. Tübingen 2003.
Schmidt, Luise: *Tussi di Mare*. München 1997.
Tegtmeier, Bettina (Hg.): *Schmerz – Strafe – Lust. 25 Bekenntnisse von aktiven und passiven Flagellanten(innen)*. Königswinter 1997.
Tegtmeier, Bettina (Hg.): *Jezabels Träume. SM-Stories von Frauen*. Siegburg 1997.
Tegtmeier, Bettina (Hg.): *Bittersüße Lust*. Siegburg 2002.
Tegtmeier, Bettina (Hg.): *Neue SM-Stories von Frauen*. Siegburg 2003.
Zutzel, Eva, und Adam Zausel (Hg.): *Die neue klassische Sau. Das Handbuch der literarischen Hocherotik*. Zweite Folge. München 1997.
Zutzel, Eva, und Adam Zausel (Hg.): *Die allerneueste klassische Sau. Das Handbuch der literarischen Hocherotik*. Dritte Folge. München 2001.

Romane

Aderhold, Karin, und Jutta Ahrens: *MIDIAN oder die Versuchung der Gier. Eine Sex & Crime Story*. Siegburg 1999.
Angot, Christine: *Inzest*. Köln 2001.
Anonymus: *Lagunenzauber*. Reinbek 2003.
Arcan, Nelly: *Hure*. München 2002.
Bishop, Tanya: *Silent Seduction*. London 1997.
Breillat, Catherine: *Ein Mädchen*. München 2003.
Bright, Susie: *Susie Sexperts liederliche Lesbenwelt*. Berlin 1992.
Bright, Susie: *Susie Sexperts Sexwelt für Lesben*. Berlin 1993.
Bushnell, Candace: *Am Bett vorbei ist voll daneben*. München 1997.
Original: *Sex and the city*. Europa-Verlag 1997.
Da Costa, Portia: *The Stranger*. London 1997.
Despentes, Virginie: *Pauline und Claudine*. Reinbek 2001.
Fedderke, Dagmar: *Die Geschichte mit A*. Tübingen 2002.

Fessel, Karen-Susan: *Heuchelmund*. Tübingen 2002.
Garoutte, Claire: *Matter of Trust / Sache des Vertrauens*.Tübingen 1996.
Gogoll, Ruth: *Taxi nach Paris*. Tübingen 1997.
Grandes, Almudena: *Lulú. Die Geschichte einer Frau*. München 1990.
Harrison, Kathryn: *Ich bin die Tochter, die keiner sieht. Die Geschichte einer Liebe*. München 1997.
Hastings, Juliet: *Die Dienerin des Tempels*. Reinbek 2003.
Hecke, Roswitha: *Liebesleben*. Frankfurt a. Main 1997.
Heidebrecht, Brigitte: *Komm doch. Eine erotische Erzählung*. Trier 1991.
Herz, Britta: *Frau Schümers Zerstörung*. Hamburg 1997.
Hoffmann, Regina: *Sarahs Lust*. Königswinter 1997.
Jaivin, Linda: *Haut und Haar*. Hamburg 1997.
Kell, Sonia: *Ohnmächtig verliebt*, Siegburg 2003.
Kell, Sonia: *Die Lügen meines Meisters*, Siegburg 2000.
Kelly, Mercedes: *Lake of Lost Love*. London 1997.
Kirshenbaum, Binnie: *Kurzer Abriß meiner Karriere als Ehebrecherin*. München 1996.
Kureishi, Hanif: *Intimacy*. Reinbek 2001.
Marie Jo: *Der Liebe ganze Härte. Tagebuch einer liaison dangereuse*. Königswinter 1996.
Marquand, Martine: *Unhallowed Rites*. London 1998.
Millet, Catherine: *Das sexuelle Leben der Catherine M*. München 2001.
Moore, Susanna: *Aufschneider*. Reinbek 1997.
Müller, Phoebe: *Rudel*. Tübingen 2003.
Nin, Anaïs: *Die verborgenen Früchte*. München 1997.
Nössler, Regina: *Wie Elvira ihre Sexkrise verlor. Erzählungen*. Tübingen 1996.
Nössler, Regina: *Mami hat recht*. Tübingen 1996.
Nössler, Regina: *Strafe muß sein*. Tübingen 1994.
Nora & Wolf: *Geliebtes Nichts ... ein SM-Briefwechsel*. Königswinter 1996.
Oberto, Varinia: *Rechteck der Begierde*. München 1989.
Onard, Estelle: *Die Reise nach Mandalaire*. München 1992:
Parkin, Molly: *Ein Bissen vom Apfel*. Reinbek 1986.
Rampling, Anne: *Verbotenes Verlangen*. München 1996.
Raznovich, Diana: *Der Freund meines Sohnes*. München 1992.
Reyes, Alina: *Labyrinth des Eros*. München 1996.
Rick, Karin: *Sex, Sehnsucht & Sirenen*. Tübingen 1991.
Russell, Robyn: *Ginger Root*. London 1997.
Saxe, Cornelia und Mayanne Könst: *Amsterdamer Clit Clip*. Tübingen 1994.
Shalev, Zeruya: *Liebesleben*. Berlin 2000.
Shy, Marlon: *Die vergessene Kunst vor Liebe zu sterben*. Tübingen 1991.

Steimberg, Alicia: *Amatista*. München 1993.
Tyler, Alison: *Sweet Thing*. Reinbek 2003.
Villefranche, Anne-Marie: *Die Purpurrose. Schamlos schöne Erotik*. München 1988.
Villefranche, Anne-Marie: *Die Venusblüte. Schamlos schöne Erotik*. München 1993.
Villefranche, Anne-Marie: *Die Zaubermuschel*. München 1994.

Fotobände

Alexandre, Claude: *Gewalt und Zärtlichkeit. Fotografien aus dem Liebesleben von Paris*. Tübingen 1993.
Alexandre, Claude: *Corps Obscur. Fotografien*. Tübingen 1996.
Beinstein, Krista: *Obszöne Frauen*. Tübingen 1986.
Beinstein, Krista: *Theater der Ekstase*. Tübingen 1995.
Beinstein, Krista: *Rituale der Begierde. Frauenfotogeschichten*. Tübingen 1996.
Beinstein, Krista: *Gewaltige Obsessionen. Frauenfotogeschichten*.Tübingen 1996.
Beinstein, Krista: *Im Rausch der Triebe. Erotische Frauen-Bild-Geschichten*.Tübingen 1996.
Bright, Susie, and Jill Posener (Hg.): *Nothing but the girl. The blatant lesbian Image*. London 1996.
Dahmane und Chloë des Lysses: *Porn Art*. Frankreich 2000.
Dahmane und Chloë des Lysses: *Porn Art 2*. Frankreich 2000.
Dupouy, Alexandre: *Scènes d'Intérieur*. Tübingen 1995.
Dupouy, Alexandre: *Scènes libertines*. Tübingen 2003.
Ewing, Wlliam A. (Hg.): *Zärtliche Berührung. Liebe und Verlangen in der Fotografie*. Leipzig 1999.
Fetisch Park: *Marlon Shy und Carla Subito: Die innige Verbundenheit Siamesischer Zwillinge*. Tübingen 1992.
Henric, Jacques: *Die Legende der Catherine M*. Berlin 2001.
Karsten, Thomas: *Days of Intimacy*. Tübingen 2003.
Kern, Richard: *New York Girls*. Köln 1997.
Kozlov, Evgenij: *Das Leningrader Album*. Tübingen 2003.
March, Charlotte: *Mann, oh Mann!* Kehl a. Rhein 1977.
Mayer, Brigitte Maria: *Perfect Sister*. Tübingen 1991.
Maricevic, Vivienne: *Von Mann zu Frau. Fotos von Transvestiten, Transsexuellen und Hermaphroditen*. Frankfurt a. Main 1997.

Red Box Verlag (Hg.): *Deutschland erotisch. Individuelle Ansichten von Fotografinnen und Fotografen*. (Ausstellung des Museums für Kunst und Gewerbe vom 3. 3. bis 2. 4. 1995) Hamburg 1995.
Reims, Bettina und Serge Bramly: *Chambre Close*. München 2000.
Safranek, Anja & Arpad: *Augenblicke*. Tübingen 1997.
Saldívar, César: *Spiele mit Licht. Das männliche Geschlecht in hundert Bildern*. Tübingen 2003.
Schlagzeilen: *Böse Geschichten & schmutzige Fotos*. Bd. 1–4, Hamburg 1997.
Shy, Marlon: *Wesen der Verführung*. Tübingen 1996.

Videofilme

Beinstein, Krista (R.): *True Love*. Hamburg 1992.
Beinstein, Krista (R.): *Bad Girls*. Tübingen 1992.
Blake, Andrew (R.): *2000*, Teil 1 und 2. USA 2000.
Dodson, Betty (D.): *Viva la vulva* 2. USA 2000.
Handelman, Michelle (R.): *Bloodsisters*. USA 1995.
Ninn, Michael (R.): *Dark Garden*. USA 1999.
Puaka Royal: *Der Duft der Liebe*. Wiesbaden 1997.
Rednour, Shar (R.): *Bend over boyfriend*. USA 1998.
Rednour, Shar (R.): *Bend over boyfriend* 2. USA 1999.
take off productions, Kay, Manuela (R.): *Airport*. Berlin 1994.
Sprinkle, Annie: *Herstory of Porn*. USA 1999.
Thomas, Paul (R.): *Dethroned*. USA 1999.
Thomas, Paul (R.): *Debbie does Dallas*. USA 1999.

Cazzo Film, Berlin

- *Berlin Techno Dreams*. 1996.
- Anger, Jürgen (R.): *Nur für Jungs*. 1999.
- *Unter Männern*. 2001.
- Jungbluth, Sven: *Thom Barron Calling*. 2004.

femme fatal, Melanie Crupa (R.), Fernwald:

- *Erotic Dreams*. 1995
- *Private Party* 1. 1996.
- *Foreign Phantasies*. 1996.
- *Mystical*. 1997.
- *Sexual Experience*. 1997.
- *Lyrotics*. 1997.
- *Erotic Magazine* 1. 1997.
- *Erotic Magazine* 2. 1997.
- *Sexploring the Internet*. 1997.
- *Private Party* 2. 1997.
- *Illusion*. 1997.
- *Eroskopia* 1. 1998.
- *Eroskopia* 2. 1998.
- *Erotic Cocktails*. 1999.

femme productions, Candida Royalle (R.), San Francisco:

- *My Surrender*. 1996.
- *The Bridal Shower*. 1997.
- *One Size fits all*. 1998.
- *Eyes of Desire* 2. 1999.

House o'chicks, San Francisco:

- Alice B. Brave (R.): *Bitter Sweet*. 1993.
- Annie Sprinkle (R.): *Annies Zauberstab*. San Francisco 1995.
- Annie Sprinkle (R.): *Masturbation Memoirs Vol. II*. San Francisco 1995.
- *Auf den G-Punkt gebracht*. San Francisco 1994.
- *How to have a sex-party*. San Francisco 1991.
- *Magic of female ejaculation*. San Francisco 1992.
- *Masturbation Memoirs Vol. I*. San Francisco 1995.

Shy, Marlon (R.), Köln:

- *Episodenfilm: Inflation im Paradies*. 1981.
- *Im Schatten der Sense*. 1986.
- *Diener des Angesichts*. 1988.
- *Wie man Honig opfert*. 1990.
- *Fleischveredelung I–III*. 1991/92.
- *Terrassen des Weihrauchs*. 1993.
- *Schöpfer des Himmels*. 1995.
- *Wesen der Verführung*. 1996.

Studio A Entertainment, Andrew Blake (R.) Santa Monica, USA:

- *Adriana*. 2002.
- *Blond & Brunettes*. 2002.
- *Dollhouse*. 2003.
- *Girlfriends*. 2002.
- *HardEdge*. 2003.
- *The Villa*. 2002.

Uebelmann, Cléo (R.), Luzern:

- *The Dominas*. 1991.
- *Mano Destra* – The Dominas. 1992.
- *Museum of Modern Art*. 1998.

Ratgeber

Angier, Natalie: *Frau. Eine intime Geographie des weiblichen Körpers*. München 2002.

Barbach, Lonnie, und Linda Levine: *Der einzige Weg, Oliven zu essen und andere intime Geständnisse*. Frankfurt a. Main, Berlin 1996.

Berger, Alexandra, und Andrea Ketterer: *Warum nur davon träumen? Was Frauen über Sex wissen wollen*. München 2001.
Califia, Pat: *Wie Frauen es tun. Das Buch der lesbischen Sexualität*. Berlin 2001.
Colien, Angela, and Sarah Gardner Fox: *The Wise Woman's Guide to Erotic Videos. 300 Sexy Videos for Every Woman – and Her Lover*. New York 1997.
Friday, Nancy: *Die sexuellen Phantasien der Frauen*. Reinbek 2000.
Friday, Nancy: *Die sexuellen Phantasien der Männer*. Reinbek 2001.
Heyn, Dalma: *Die heimliche Lust. Der Mythos von der weiblichen Treue*. München 1993.
Kay, Manuela, und Anja Müller: *Diese Liebe nehm' ich mir. Der Lesben-Ratgeber*. Reinbek 2001.
Ludigs, Dirk: *Beziehungsweise Sex. Tipps für Paare*. München 2002.
Maravolo, Sandra: *Eine Frau erzählt ihrem besten Freund, was Frauen wirklich antörnt*. Frankfurt a. Main 2003.
Méritt, Laura: *LAURAS Animösitäten & Sexkapaden. Das lesbische Sexwörterbuch*. Tübingen 1994.
Méritt, Laura: *Lauras Spielzeugschatulle. Alles über Sextoys*. Berlin 2001.
Passig, Kathrin, und Ira Strübel: *Die Wahl der Qual. Handbuch für Sadomasochisten und solche, die es werden wollen*. Reinbek 2001.
Perthold, Sabine (Hg.): *Rote Küsse. Film Schau Buch*. Tübingen 1990.
Richtsfeld, Astrid-Christina: *So macht Mann brave Mädchen wild. Der ultimative Erotik-Guide*. Reinbek 2002.

Verlage

Alpha Comic Verlag
Friedensstraße 8
91336 Heroldsbach
Tel./Fax: 0 91 90 / 12 05.

Black Lace. Virgin Publishing Ltd.
332 Ladbroke Grove
GB – London W10 5AH
Tel.: 00 44 / 1 81 / 9 68 75 54
Fax: 00 44 / 1 81 / 9 68 09 29.

Comic-Vertrieb Frankfurt
Schöne Aussicht 10
60331 Frankfurt a. Main
Tel.: 0 69 / 92 07 18 20
Fax: 0 69 / 28 79 87.

Delectus Books
94 High Street, Harlesden
GB – London NW10 4SLG B
Tel.: 00 44 / 1 81 / 9 63 09 79
Fax: 00 44 / 1 81 / 9 63 05 02.

konkursbuch Verlag Claudia Gehrke
Postfach 16 21
72006 Tübingen
Tel.: 0 70 71 / 7 87 79
Fax: 0 70 71 / 6 35 39

Schlagzeilen – Charon Verlag
Postfach 30 41 99
20324 Hamburg
Tel.: 0 40 / 31 32 90
Fax: 0 40 / 31 32 04.

seitenblick Verlag Bettina Tegtmeier
Schillerstraße 1
53721 Siegburg
Tel: 0 22 41 / 59 15 88
Fax: 0 22 41 / 59 15 89
www.seitenblickverlag.de

Erotik-Shops

Berlin

Adam und Eva
Fasanenstraße 61
10719 Berlin (Charlottenburg)
Tel.: 0 30 / 88 72 67 27

La Luna
Anklamer Straße 36
10115 Berlin (Mitte)
Tel.: 0 30 / 44 32 84 88

Sexclusivitäten
Fürbringer 2
14050 Berlin
Tel.: 0 30 / 6 93 66 66
Fax: 0 30 / 62 73 68 16
www.sexclusivitaeten.de

Bremen

For Ladies
Ostertorstraße 34
28195 Bremen
Tel.: 04 21 / 32 30 40
Fax: 04 21 / 32 30 50
www.forladies.de

Esslingen

Bella-Donna
Milchstraße 6
73728 Esslingen
Tel.: 07 11 / 35 37 28
Fax: 07 11 / 35 37 79
www.bella-donna-erotik.de

Frankfurt a. Main

Inside Her. Erotisches für Frauen
Vilbelerstraße 34
60313 Frankfurt a. Main
Tel.: 0 69 / 29 51 00
Fax: 0 69 / 1 31 06 36
www.inside-her.de

Freiburg

Tool & Toys
Heinrich-von-Stephan-Straße 10
79100 Freiburg
Tel.: 07 61 / 7 07 49 49
www.tools-toys.de

Hannover

Liebhabereien
Knochenhauerstraße 5
30159 Hannover
Tel.: 05 11 / 4 73 99 74
www.liebhabereien.com

Köln

Lady's Toys
Geyerstraße 6
50667 Köln
Tel.: 02 21 / 2 57 10 01
Fax.: 02 21 / 2 57 14 88
www.ladies-toys.de

Leipzig

Hautnah
Nicolaistraße 12–14
04109 Leipzig
Tel.: 03 41 / 9 61 68 24

München

Ladies First
Kurfürstenstraße 23
80801 München
Tel.: 0 89 / 2 71 88 06
www.ladiesfirst.de

Versandhandel

Deutschland

Evas Paradies
www.evas-paradies.de

Lila Lust und Liebe
Parkstraße 17
76131 Karlsruhe
Tel.: 07 21 / 69 12 60
Fax: 07 21 / 60 69 49
www.lila-lust-und-laune.de

Samt und Seide
www.samt-und-seide.de
Woman Mail Order
www.womanmailorder.de

Österreich

MarG
www.marg.at

Lust und Liebe
LuL-Versand
Postfach 139
A-2500 Baden
Tel.: 00 43 / 22 52 / 4 80 99
Fax: 00 43 / 22 52 /4 90 15
www.LustundLiebe.at

Schweiz

Clit Care
www.clitcare.ch

Niederlande

Mail & Female
Postbus 16668
1001 RD Amsterdam NL
Tel.: 00 31 / 20 / 6 23 39 16
www.mailfemale.nl

Großbritannien

Babes n Horny
www.babes-n-horny.com

USA

Eve's Garden
119 West 57th Street Suite 420wp
New York City, NY 10019. USA

Good Vibrations Mail Order
938 Howard St. Suite 101
San Francisco, CA 94103. USA
TEL.: 0 01 / 8 00 / 2 89 84 23
www.goodvibes.com

Internet-Erotik-Seiten

www.anaissonline.com
www.cazzofilm.com
www.erotisches-zur-nacht.de (www.EROZUNA.de)
www.eva-et-adam.de
www.helenduval.com
www.wahreliebe.de

Als umfassendes Informationsforum für anspruchsvolle Erotik- und Pornofilme wird zurzeit die Website *www.goldene-aphrodite.de* von einigen Pornoliebhabern aufgebaut, die ständig auf der Suche nach besonderen und ungewöhnlichen Produktionen sind.

Anmerkungen

1 Selg, Herbert: «Pornographie: Begriffliche Unbestimmtheit ohne Ende?» In: tv diskurs, Nr. 24, April 2003, S. 58 – 61, hier: S. 60.

2 Faulstich, Werner: *Die Kultur der Pornografie*. Bardowick 1994.

3 Ertel, Henner unter Mitarbeit von Rainer Hage: *Erotika und Pornographie: repräsentative Befragung und psychophysiologische Langzeitstudie zu Konsum und Wirkung*. München 1990. Seitdem mit ständigen Aktualisierungen über das Internet einsehbar.

4 Ertel (1990), S. 478.

5 Schmidt, Gunter: «In Phantasiewelten spazieren gehen.» In: tv diskurs, Berlin, Januar 2001, Nr. 15, S. 52.

6 Frings, Matthias: «Warum ich Porno prima finde.» In: Grimme, Matthias T. J. (Hg.): *Käufliche Träume*. Reinbek 1986, S. 165–172. Hier: S. 166.

7 Das nachfolgende Teilkapitel ist weitgehend aus der Veröffentlichung: Corinna Rückert, «Frauenpornographie. Pornographie von Frauen für Frauen», Frankfurt a. Main 2002 entnommen. Die ausführliche Darstellung findet sich dort in dem Kapitel «1.1.2 Rechtliche Bestrebungen: Die Anti-Porno-Kampagnen» S. 17 ff.

8 Die einzelnen Beiträge aus den EMMA-Ausgaben 10–12/87 und 1–3/88 sind zusammengefasst in dem EMMA Sonderband 5: *PorNo – Die Kampagne, das Gesetz, die Debatte*. Köln 1988.

9 Dworkin, Andrea: *Pornographie. Männer beherrschen Frauen*. Frankfurt a. Main 1987. Original: Pornography: Men possessing Women. New York 1979.

10 Diese Parole wurde Mitte der 1970er Jahre von den amerikanischen Feministinnen geprägt in der Überzeugung, Pornographie diene als Anregung und Anleitung zu Gewalthandlungen gegen Frauen.

11 Bremme, Bettina: *Sexualität im Zerrspiegel: Die Debatte um Pornographie*. Münster 1990, S. 115.

12 Koch, Gertrud: «Die neue Sittlichkeit. Zur gegenwärtigen Debatte um die Pornographie.» In: Classen, Brigitte (Hg.): *Pornost. Triebkultur und Gewinn*. München 1988, S. 68.

13 Bovenschen, Silvia: «Auf falsche Fragen gibt es keine richtigen Antworten. Anmerkungen zur Pornographie-Kampagne.» In: Classen (1988), S. 56. Nachdruck des gleichnamigen Artikels, der am 23. 1. 1988 in der *Frankfurter Rundschau* erschien.

14 Bovenschen (1988), S. 61.

15 Arbeitskreis der SPD-Bundestagsfraktion für die Gleichstellung von Mann und Frau (Hg.): Dokumentation der Anhörung vom 13./14. September 1988. Pornographie – hinsehen oder wegsehen? Konsequenzen – Alternativen – Handlungsbedarf. Bonn 1989. Im Folgenden zitiert: Dokumentation der SPD-Anhörung (1989).

16 Dokumentation der SPD-Anhörung (1989), S. 9 f.

17 Mit Ausnahme der Selbstbestimmung über einen Schwangerschaftsabbruch.

18 Siehe dazu auch die Stellungnahme von Linda Williams: *Hard Core. Macht, Lust und die Traditionen des pornographischen Films*. Frankfurt a. Main 1995, S. 333. Original: Hard Core: Power, Pleasure, and the «Frenzy of the Visible». Los Angeles 1989.

19 Jaivin, Linda: *Haut und Haar*. Hamburg 1997, S. 189–191.

20 Paglia, Camille: *Die Masken der Sexualität*. München 1995.

21 Die Kurzgeschichte habe ich im Rahmen meiner Doktorarbeit geschrieben. Zur Untersuchung möglicher Unterschiede zwischen weiblichen und männlichen pornographischen Darstellungsweisen habe ich meine eigenen Sprachcodes abgefragt. Übereinstimmend mit den Untersuchungsergebnissen habe auch ich eine verblümte, indirekte Ausdrucksweise gewählt.

22 Steimberg, Alicia: *Amatista*. München 1993. Hier S. 75–78.

23 Raznovich, Diana: *Der Freund meines Sohnes*. München 1992. Hier S. 16–18.

24 Siehe dazu das Kapitel 4, «Die Ästhetik heutiger Pornografie. Bauformen des Erzählens», und besonders das Unterkapitel 4.1 «verbalsprachlich-literarisch», Faulstich (1994), S. 125 ff.

25 Die detaillierte Beweisführung für diese Feststellungen findet sich im 4. Kapitel meines Buches «Frauenpornographie» (Rückert 2000) ab S. 185 ff.

26 Hübner, Andreas: «Einkaufsbummel». In: Andrea Baldauf und Stefan Biehle: *Was uns anmacht. Die sexuellen Phantasien der Deutschen*. Reinbek 1997, S. 30–32, hier S. 31–32.

27 Miller, Henry: «John Thursday». In: Ders.: *Opus Pistorum*. Reinbek 1984, S. 75–88, hier S. 79.

28 Miller (1994), S. 80.

29 Miller (1994), S. 82 f.

30 Miller (1994), S. 78.

31 Eine Produktion der INO GmbH, Wuppertal aus dem Jahr 2002.

32 Faulstich, Werner: *Die Kultur der Pornografie*. Bardowick 1994, S. 120.

33 Cornell, Drucilla: *Die Versuchung der Pornographie*. Berlin 1995, S. 42.

34 Anaiss: «Blick aus dem Schrank», 8 Seiten, http://members.xoom.com/_XMCM/Anaiss/blick.htm

35 Nössler, Regina: *Wie Elvira ihre Sexkrise verlor. Erzählungen*. Tübingen 1996. Hier: S. 76–79.

36 Nössler, Regina: *Strafe muß sein*. Tübingen 1994. Hier: S. 36 f., S. 46, S. 49 f.

37 Jaivin, Linda (1997), S. 193.

38 Grimme, Matthias T. J.: *Das SM-Handbuch*. Hamburg 1997. Hier: S. 27, S. 29

39 Zu den zitierten Studien und den detaillierten Ergebnissen, siehe: Rückert (2000), S. 130 f.

40 Siehe hierzu die detaillierten Zahlen in: Rückert (2000), S. 112 ff.

41 «Mit vollem Körpereinsatz», Der Spiegel 19/2002, 6. Mai 2002.

42 Drag-King ist eine Frau, die sich als Mann verkleidet, im Gegensatz zur Drag-Queen, womit ein Mann gemeint ist, der in Frauenkleidern auftritt.

43 Selg, Herbert: «Pornographie: Begriffliche Unbestimmtheit ohne Ende?» In: tv diskurs, Nr. 24, April 2003, S. 58–61. Hier: S. 60.

Abbildungsverzeichnis

Seite 162

Charlotte March, *Mann, oh Mann! Ein Vorschlag zur Emanzipation des attraktiven Mannes,* Kehl/Rhein 1977.

Seite 165

Eric Stanton, *The Dominant Wives & Other Stories,* Köln 1998, S. 384–385.

Seiten 167, 169

Andrew Blake, *Blond & Brunettes,* © Studio Entertainment, Inc.; Copyright © 2002 by Route XX B.V.

Seite 172

© le carrosse, Hamburg 2000.

Seite 175

© le carrosse, Hamburg 2000.

Trotz aller Sorgfalt konnten die Urheber des Bildmaterials nicht in allen Fällen ermittelt werden. Es wird ggf. um Mitteilung gebeten.